O sujeito na contemporaneidade

Outros títulos da Coleção Sujeito e História

Metamorfoses entre o sexual e o social, Carlos Augusto Peixoto Júnior, 1999

O mal-estar na atualidade, Joel Birman, 1999

O desejo frio, Michel Tort, 2001

Gramáticas do erotismo, Joel Birman, 2001

A crueldade melancólica, Jacques Hassoun, 2002

Lacan com Derrida, Rene Major, 2002

Ação e Reação, Jean Starobinski, 2002

Problema de gênero, Judith Butler, 2003

O olhar do poder, Maria Izabel O. Szpacenkopf, 2003

Ousar rir, Daniel Kupermam, 2003

Rumo equivocado – o feminismo e alguns destinos, Elisabeth Badinter, 2005

A psicanálise e o feminino – um horizonte da modernidade, Regina Neri, 2005

Arquivos do mal-estar e da resistencia, Joel Birman, 2006

Cartão-postal – De Sócrates a Freud e além, Jacques Derrida, 2007

Joel Birman

O sujeito na contemporaneidade

espaço, dor e desalento na atualidade

1ª edição

CIVILIZAÇÃO BRASILEIRA
Rio de Janeiro
2012

PROJETO GRÁFICO DE MIOLO
Evelyn Grumach e João de Souza Leite

CAPA
eg.design

CIP-BRASIL. CATALOGAÇÃO NA FONTE
SINDICATO NACIONAL DOS EDITORES DE LIVROS, RJ

Birman, Joel, 1946-
B521s O sujeito na contemporaneidade: espaço, dor e desalento na atualidade / Joel Birman. – Rio de Janeiro: Civilização Brasileira, 2012.

Inclui bibliografia
ISBN 978-85-200-1041-9

1. Subjetividade. 2. Sujeito (Filosofia) – Aspectos psicológicos. 3. O contemporâneo – Aspectos psicológicos. 4. Espaço e tempo – Aspectos psicológicos. 5. Psicanálise. I. Título.

11-5756 CDD: 150.195
CDU: 159.964.2

EDITORA AFILIADA

Este livro foi revisado segundo o novo Acordo Ortográfico da Língua Portuguesa

Direitos desta edição adquiridos pela
EDITORA CIVILIZAÇÃO BRASILEIRA
Um selo da
EDITORA JOSÉ OLYMPIO LTDA
Rua Argentina 171 – 20921-380 – Rio de Janeiro, RJ –
Tel.: 2585-2000

Impresso no Brasil
2012

Sumário

Introdução

A *contemporaneidade* se revela como uma fonte permanente de surpresa para o sujeito, que não consegue se regular nem se antecipar aos acontecimentos, que como turbilhões jorram de maneira disseminada ao seu redor. Onde quase tudo se revela de maneira imprevisível e intempestiva, o efeito mais evidente disso, no sujeito, é a vertigem e a ameaça do abismo. Como o improvável acaba quase sempre por acontecer, subvertendo-nos, isso nos faz vacilar em nossas certezas.

Assim, as mais diversas escalas e dimensões da experiência são permanentemente perpassadas pela surpresa e pelo improvável. Nos registros da economia, da política, das ciências, das artes e da cotidianidade, o sujeito se choca com o imprevisível, que o desorienta. Assim, podemos dizer que, tanto no registro coletivo como no individual, nas escalas local e global, a subjetividade foi virada de ponta-cabeça.

Se compararmos, de maneira superficial e impressionista, o campo social da contemporaneidade com o que ocorria poucas décadas atrás, a transformação em pauta é certamente radical. Os *signos* que nos orientavam no mundo e nos direcionavam na existência, assim como seus *códigos de interpretação*, foram deslocados de suas posições e lugares simbólicos. Muitos deles desapareceram. Outros, em contrapartida, perderam a força e a valência de que eram investidos, sendo realocados em outros conjuntos, que passaram então a ser dominados por outros signos, considerados agora como hierarquicamente superiores. Com isso, outros códigos foram forjados, sem que seus enunciados sejam sempre patentes.

Entretanto, numa leitura sutil das entrelinhas desse processo social e histórico, as coisas não ocorreram exatamente desta forma. Deslocando-nos da superfície patente e literal do sistema de signos e dos códigos para a dinâmica de forças que os impulsionam, agora no registro latente, podemos encontrar já a marca de algumas fendas e desordenações no quadro anterior, tomado até então como referência. Nessa leitura, as indicações de ruptura e a emergência das descontinuidades aparecem como rastros, podendo então assumir corpo e forma, rompendo, enfim, a paisagem plácida do horizonte impressionista inicial.

A intenção deste ensaio é indicar e empreender uma interpretação dessa transformação em curso, no registro estrito do sujeito. Para tanto, propõe uma leitura deste pela delimitação das formas de *mal-estar* que o acomete e o acossa em sua existência. Pretendo, assim, destacar que, da *modernidade* à atualidade, algo de fundamental aconteceu nas *categorias* constitutivas daquele, redirecionando então as linhas de força do seu mal-estar. É no quadro estrito desse contraste, entre modernidade e contemporaneidade, que se inscreve a espinha dorsal deste livro.

Pretendo sublinhar, assim, como a categoria de *espaço* assume uma prevalência e dominância cada vez maior na constituição da *experiência* subjetiva, a expensas da categoria de *tempo*. Com isso, não apenas é atingido o registro do desejo, como também a expectativa de um futuro possível, que incide na possibilidade de remanejar as coordenadas estritas do presente. Tudo se passa como se a subjetividade acreditasse que estivesse vivendo num eterno presente, no qual a *repetição do mesmo* fosse tão poderosa que não anunciasse mais qualquer possibilidade de ruptura e de descontinuidade.

Ao lado disso, essa espacialização da experiência psíquica seria o correlato da dominância no psiquismo da sensação de dor a expensas do sofrimento, considerando que este pressuporia sempre a temporalização daquela experiência. De fato, se a *dor* evidencia uma posição *solipsista* do sujeito e o seu fechamento em face do outro, o *sofrimento* seria algo de ordem *alteritária*, que pressuporia o apelo e a demanda endereçada ao outro. Portanto, o sofrimento como marca das tormentas do sujeito implicaria uma transformação do registro da dor, que seria sempre permeada pela simbolização e temporalização desta. Na opacidade da dor, enfim, seria a espacialização na experiência do sujeito que dominaria as coordenadas deste.

Porém, se o sujeito atado na dolorida posição solipsista não pode fazer qualquer apelo ao outro, é o *desalento* que se impõe como *pathos*, destinando-o então à paralisia. Em contrapartida, o *desamparo*, como correlato que é da experiência do sofrimento, possibilitaria ao sujeito um movimento desejante, que seria a condição primordial para a simbolização e a temporalidade.

Enfim, é essa transformação, essa virada de ponta-cabeça nas coordenadas constituintes do sujeito, num contraste tenso entre modernidade e contemporaneidade, que pretendo tratar ao longo deste ensaio, percorrendo as dinâmicas espaço/tempo, dor/sofrimento e desamparo/desalento.

CAPÍTULO 1 Do sonho ao pesadelo

I. Sonho e percepção

Este ensaio pretende colocar em evidência a configuração predominante e progressivamente espacial assumida pela experiência do sujeito na contemporaneidade. Porém, vou me centrar, no começo deste percurso, na leitura da experiência do sonho, na sua diferença em relação à experiência da percepção. Portanto, é a lógica imanente deste contraste, e da oposição entre estes dois registros psíquicos, que veremos agora.

A indagação primeira que se impõe aqui é a razão desse destaque conferido ao sonho, num ensaio que se propõe a analisar a configuração marcadamente espacial, evidenciada pela experiência da subjetividade, na atualidade. Por que enfatizar a leitura do sonhos? Por diversas razões, como vou indicar de maneira sumária, para condensar e antecipar as diferentes dimensões do meu argumento fundamental, que desenvolverei ao longo do livro.

Antes de mais nada, o sonhar é uma experiência psíquica regular, que se tece numa relação bem estabelecida entre os registros do espaço e do tempo. Experiência regular, pois ocorre todas as noites e diversas vezes durante o sono, mesmo que o sonhador não se recorde sempre do que sonhou quando se encontra no estado de vigília.[1] De acordo com Freud, isso se deve à resistência do sujeito em estabelecer contato com o desejo inconsciente.[2] A prova disso seria dada pela experiência psicanalítica, na qual os supostos maus sonhadores e aqueles que não se recordam facilmente de seus sonhos passam tanto a sonhar quanto a se lembrar de seus sonhos com mais facilidade.[3] Isso porque, pela mobilização transferencial do desejo realizada pela análise e pelas fendas abertas na resistência que são assim produzidas, o sujeito passa a circular melhor na sua *realidade psíquica*.[4]

Do ponto de vista estritamente fenomenológico, o sonho é representado e vivenciado pelo sonhador como um amontoado de imagens. Nem sempre essas imagens se apresentam de maneira concatenada, mas marcadas principalmente pela disseminação e pela dispersão. Em decorrência disso, o sonhador se confronta, passivamente e como espectador, com um cenário caracterizado pela anarquia, que provoca nele, como efeito privilegiado, a sensação de se defrontar com algo que é irreal e até mesmo fantasmagórico. Este efeito de irrealidade se deve não apenas ao aparecimento de imagens

[1]S. Freud, *L'interprétation des rêves*.
[2]Ibidem.
[3]Ibidem.
[4]Ibidem, capítulo VII.

estranhas e aparentemente fora de lugar, mas principalmente à transfiguração da ordem da *percepção visual*.

Essa se caracteriza pela boa forma e pela sequência regular das imagens, nas quais a oposição entre os registros da *figura* e do *fundo* se articulam devidamente.[5] Não obstante o estilo marcadamente impressionista que caracteriza a experiência perceptiva, esta evidencia o mundo que podemos conhecer na sua objetividade. Não existe qualquer dúvida no que concerne a isso. Este mundo cognoscível supõe, no entanto, que os registros do espaço e do tempo sejam as dimensões *a priori* de nossa experiência, na impossibilidade que teríamos de apreender a *coisa em si*, isto é, o *númeno*, como nos ensinou Kant na sua estética transcendental.[6] Vale dizer, poderíamos captar apenas a *coisa para nós*, como ela nos parece, fundados nessas condições *a priori* da experiência. Seria esta, enfim, a objetividade possível de nossa condição antropológica, delineada que é pela experiência perceptiva.

O sonho, no entanto, delineia uma outra ordem possível para a experiência humana. Isso porque pelo sonhar se configura uma experiência efetiva de *transgressão*, que subverte a ordem da percepção. Uma outra dimensão do mundo se abre assim para o sujeito, indicando a existência de outros mundos possíveis. Pode-se dizer, parodiando e invertendo ao mesmo tempo a célebre proposição de Leibniz, que se Deus nos ofereceu o melhor dos mundos possíveis,[7] o sonho, no entanto,

[5]W. Köhter, *Psychologie de la forme*.
[6]E. Kant, *Critique de la raison pure*.
[7]G. W. Leibniz, *Le droit de la raison*. G. Grua, *Jurisprudence universelle et theodicée selon Leibniz*.

ao subverter a lógica e a ética da escolha de Deus, nos abre uma janela para a experiência de outros mundos possíveis.

Em decorrência dessa transgressão e subversão da experiência perceptiva, o surrealismo erigiu o sonho, nos rastros indicados pelo discurso freudiano, como o paradigma da experiência estética.[8,9] Com efeito, as janelas entreabertas para a visão de outros mundos possíveis indicavam a existência pregnante da surrealidade na nossa experiência noturna, de maneira ao mesmo tempo regular e cotidiana. Com isso, os registros da razão e do entendimento tiveram que abrir uma fenda, no campo da sua hegemonia cognitiva sobre o sujeito, delineando uma *dobra* para o reconhecimento de outros mundos possíveis, regulados agora pelo que Freud denominou de *desejo*.[10] Seria este, enfim, que direcionaria as linhas de força para a governabilidade desses outros mundos possíveis.

Contudo, se o sonho é uma das modalidades para a realização do desejo, que se concretiza de maneira alucinatória, ainda segundo Freud, outras modalidades também existem para isso — como o *lapso*,[11] o *ato falho*,[12] o *humor*,[13] o *chiste*[14] e os *sintomas*.[15] A existência dessa psicopatologia da vida cotidiana[16] indica, portanto, que o desejo pode se realizar tanto na experiência diurna quanto na noturna, mas apresentando-se nesta e naquela com diferentes configurações.

---

[8]A. Breton, *Manifestes du surréalisme*.
[9]S. Alexandrian, *Le surréalisme et le rêve*.
[10]S. Freud, *L'interprétation des rêves*, capítulo II.
[11]S. Freud, *Psychopathologie de la vie quotidienne*.
[12]Ibidem.
[13]S. Freud, *Le mot d'esprit et sa relation à l'inconscient*.
[14]Ibidem.
[15]S. Freud, *L'interprétation des rêves*, "Introdução".
[16]S. Freud, *Psychopathologie de la vie quotidienne*.

Foi por essa senda teórica que o discurso surrealista tomou seu atalho estético, de forma a erigir o desejo em aguilhão para a experiência da criação artística, que produziria então uma ruptura radical com a realidade da percepção. A criação como ato implicaria, portanto, uma descontinuidade com a ordem perceptiva, que deveria ser transfigurada de ponta-cabeça. Nesta perspectiva, o método psicanalítico da livre associação[17] foi então deslocado para o registro do discurso poético, e neste contexto tal procedimento foi denominado como escrita automática.[18] O mesmo procedimento foi também inscrito, enfim, no ato pictórico de criação.[19]

Portanto, se o registro do sonho se opõe ao da percepção visual nos seus menores detalhes, não obstante a importância para ambos da categoria do espaço para suas respectivas configurações, pode-se afirmar que Freud e Merleau-Ponty foram os teóricos que mais se destacaram no estabelecimento dessas experiências opostas. Assim, se Freud nos legou a obra magistral sobre os sonhos, intitulada justamente *A interpretação dos sonhos*,[20] constituindo uma retórica para enunciar a gramática presente na experiência do sonhar, Merleau-Ponty, em contrapartida, nos legou a sua leitura sistemática sobre a sintaxe da experiência perceptiva em *Fenomenologia da percepção*.[21] Destacam-se aqui duas referências fundamentais que sintetizam todas as diferenças

[17] S. Freud, *L'interprétation des rêves*, capítulo II.
[18] H. Behar M. Carasson, *Le surréalisme*.
[19] Ibidem. Sobre isso, ver também R. Passeron, *Histoire de la peinture surrealiste*.
[20] S. Freud, *L'interprétation des rêves*, capítulo II.
[21] M. Merleau-Ponty, *Phénoménologie de la perception*.

acima assinaladas, pois a gramática do desejo inconsciente se opõe radicalmente à sintaxe da *intencionalidade*, que regularia a ordem da percepção.

Entretanto, a experiência do sonho implica também a categoria do tempo, e não apenas a do espaço, como ocorre com a experiência da percepção visual. Kant já nos dizia isso, no que concerne à percepção, ainda na sua estética transcendental.[22] Como destacar esta regulação, no que concerne à experiência onírica? É o que se verá abaixo, de forma bastante resumida.

II. Tempo e subjetivação

A *evocação* do sonho pelo sonhador não corresponde precisamente ao que foi efetivamente sonhado por este. Isso porque a evocação coloca em marcha, de maneira ostensiva, a categoria do tempo. A evocação inscreve o sonho numa sequência e uma ordenação das imagens, o que implica uma concatenação e seriação destas. A temporalidade da experiência se impõe então aqui, na cadência que se estabelece entre os diferentes *momentos* do *antes,* do *agora* e do *depois.* Portanto, o *instante* pontual das imagens se transforma numa sequência regulada pela categoria da *temporalidade*, mediante a qual a experiência produzida pelo sonho pode ser efetivamente inscrita como forma de *subjetivação.* Não existiria subjetivação possível do sonho sem a incidência da dimensão temporal.

[22]E. Kant, *Critique de la raison pure.*

Logo, sem a experiência da evocação, tudo aquilo que foi efetivamente sonhado se perderia, pois o sujeito não poderia se apropriar das imagens que sonhou. Isso porque, na suposta experiência originária do sonhar, o sujeito se encontra numa posição de exterioridade em face das imagens, como se estivesse diante de uma tela, que como *fundo* permite a visualização e o enquadramento das diferentes *figuras*, representadas pelas imagens pontuais. Esta posição de exterioridade do sonhador coloca-o numa posição de espectador de seu próprio sonho. O suposto sonho originário teria, assim, o estatuto de um *corpo estranho* para o sonhador, que passivamente recebe a sua incidência na configuração da experiência onírica. A evocação implicaria, então, a mudança de posição psíquica do sonhador, que se deslocaria assim do polo *passivo* da experiência para o polo *ativo*. Em decorrência disso, a *apropriação* psíquica do que lhe aconteceu poderia então se realizar com a experiência de subjetivação correlata, que seria a consequência necessária daquela.

A *narrativa* do sonho, realizada pelo sonhador para um outro, enfatiza mais ainda a incidência desta dimensão da temporalidade na experiência onírica. Porque, pela narração do que lhe ocorreu, a categoria de tempo se impõe agora, necessariamente, pela incidência efetiva do *discurso*.[23] Porque não existe discursividade possível sem a articulação da temporalidade, que marca tanto a sua sintaxe e gramática quanto a sua semântica. Não existiria, portanto, a ordem do discurso sem a participação ostensiva da categoria do tempo.

[23]Sobre isso, ver: E. Benveniste, "Catégories de pensée et catégories de langue". In: E. Benveniste, *Problèmes de linguistique générale*, p. 63-74; E. Benveniste, "Structure des relations de personne dans le verbe". In: op. cit., p. 225-236.

Numa célebre leitura crítica que realizou de *A interpretação dos sonhos*, de Freud, Wittgenstein nos mostrou, de maneira aguda, que a totalidade do procedimento interpretativo sobre a formação dos sonhos, proposta por Freud, estaria fundada nos registros da narração e do discurso. Assim, os diferentes mecanismos e procedimentos que foram por ele descritos, como se fossem especificamente psíquicos, seriam inseparáveis da narração do sonho para um outro realizado pelo sonhador.[24] Vale dizer, a experiência da evocação do sonho já implicaria a incidência do discurso, no qual a categoria de tempo estaria incidindo diretamente sobre o sujeito. Enfim, não existiria nessa suposição qualquer diferença entre o sonho sonhado e a narração do sonho, pois se o primeiro seria da ordem do númeno (a coisa em si, de Kant) — incognoscível, portanto —, o segundo seria a única experiência possível para o sujeito.

Na suposição de Freud, no entanto, a categoria de tempo já incidiria na produção da experiência onírica. A ordem do númeno estaria já presente no que existe de *não* passível de *captura* pelo sujeito na *origem* do seu sonho. Existiria então, com efeito, aquilo que Freud denominou *umbigo do sonho*, isto é, algo que seria de ordem pulsional que originaria o sonho e que não seria passível de ser apreendido pelo procedimento das livres associações.[25]

Não obstante isso, a temporalidade se faria presente também na ordenação das imagens, mesmo que isso se realizasse de maneira tosca. As imagens do sonho implicariam

[24] L. Wittgenstein, "Conversaciones sobre Freud". In: L. Wittgenstein, *Estética, Psicoanalisis y Religión*.

[25] S. Freud, *L'interprétation des rêves*, capítulo II.

o trabalho dos mecanismos da *condensação* e do *deslocamento*, que estariam no registro psíquico do inconsciente.[26] Portanto, os signos da percepção seriam objeto de ordenação ao mesmo tempo espacial e temporal, independentemente da narração que se realizaria apenas posteriormente.[27] A *representação-coisa*, inscrita no registro do inconsciente, seria a matéria-prima do sonho, enfim, e não a *representação-palavra*, que se inscreveria no registro de pré-consciente.[28] Seria deste lugar psíquico que a narrativa do sonho se realizaria.

Não resta qualquer dúvida, no entanto, de que a evocação e a narrativa do sonho enfatizam mais ainda a dimensão temporal presente na experiência onírica, implicando, assim, tanto a apropriação quanto a subjetivação desta experiência. Não obstante a polêmica estabelecida entre Wittgenstein e Freud, pode-se certamente afirmar isso.

Porém, se tudo isso nos conduz a pensar na interrupção do sono e do sonho pela figura do sonhador, o que se impõe para mim, agora, é explicitar a função de sonhar. O que estará em questão aqui são as *bordas* da experiência onírica.

III. Bordas do sonhar

Na experiência do *pesadelo,* o sujeito é sempre despertado, de maneira abrupta e assustada, num *pathos* marcado pelo *terror* que se evidencia no sonho. O pesadelo seria assim

---

[26]Ibidem, capítulos IV, V, VI.
[27]Ibidem, capítulo VII.
[28]Ibidem.

uma experiência de angústia, nos seus menores detalhes, que conduz o sonhador ao despertar e à vigília, com a intenção de retomar ativamente o controle sobre o seu psiquismo. A posição ativa do sujeito se impõe então em face da posição passiva, que lhe dominava na experiência onírica, para cortar, assim, o impacto da angústia que já se disseminava no psiquismo.

Ainda de acordo com Freud, a função do sonho é a *proteção* do sono. Numa formulação célebre, Freud nos disse que o sonho seria o *guardião* do sono, sem o qual este não poderia se manter.[29] Isso porque, se a produção desejante se mantém como um moto-contínuo, não apenas na vigília, mas também no sono, seria preciso criar destinos psíquicos para a incidência do desejo, sem o qual o sono não seria então possível. Porém, o desejo não poderia se explicitar de maneira direta e brutal, sem qualquer rodeio, como ocorre igualmente na vigília, senão o sujeito despertaria para empreender ativamente o controle direto sobre o seu psiquismo.

Assim, apesar de estar bem mais desprevenido durante o sono do que no estado de vigília, em função do descontrole relativo do eu, o sujeito procura regular os sonhos pela ação ostensiva da *censura*. Por isso mesmo, o tecido do sonho aparece sempre permeado por disfarces, travestismos e ornamentações, indicando o trabalho simbólico realizado pela censura, que impediria, então, a manifestação direta da realização do desejo. Quando isso ocorre, é o pesadelo que se impõe inevitavelmente no psiquismo, despertando efetivamente o sujeito.

---

[29] Ibidem.

Portanto, se no pesadelo a realização do desejo se impõe de forma direta e brutal, pela composição de imagens pontuais e fulgurantes, isso indica como é a categoria de tempo que se suspende em face da do espaço. O trabalho da temporalização é, de fato, o correlato das formas de simbolização que marcam a produção do sonho, sem as quais a temporalidade desaparece diante da pregnância quase absoluta assumida pela espacialização. O desejo se impõe assim em sua *atemporalidade* abissal, sem evidenciar qualquer outra cadência temporal, num impacto marcado pelo instante fulgurante.

Assim, a temporalidade seria a condição de possibilidade dos processos de simbolização presentes no sonho, inscrevendo este então no registro da representação-coisa[30], ao passo que a espacialidade se evidencia pelos *signos de percepção.*[31] Logo, se a temporalidade inscreve o sonho no registro da *representação* (*Vorstellung*), a espacialidade produziria as imagens no registro da *apresentação* ou da *presentação* (*Darstellung*). Na experiência do pesadelo, portanto, o sonho se transfiguraria, perdendo suas marcas temporalizantes, e se imporia ao sujeito na fulguração instantânea da realização atemporal do desejo.

Se insisto aqui em tudo isso com um certo vagar, apesar desta apresentação condensada, é apenas para começar a indicar como a oposição entre o sonho e o pesadelo pode se transformar historicamente, não sendo, pois, essas duas formações psíquicas, configurações atemporais. É o que se verá agora.

[30]Ibidem.
[31]Ibidem.

IV. Sonho silenciado

Existe na atualidade uma transformação importante no que concerne à experiência do sonhar, na tradição do Ocidente. A bibliografia psicanalítica dos últimos anos nos indica isso. Num dos números iniciais da *Nouvelle Revue de Psychanalyse*, do início dos anos 1970, dedicada exclusivamente à temática do sonho, isso se evidencia já com certa clareza,[32] assim como a publicação, na mesma época, de uma coletânea de ensaios de Pontalis; intitulada justamente *Entre le rêve et la douleur*,[33] revela que a dita transformação estava em curso.

O título dessa obra de Pontalis, ao mesmo tempo instigante e provocativo, enuncia o que estaria em pauta nesta mudança crucial. A ênfase foi colocada, de fato, no deslocamento da problemática do *sonho* para a da *dor*. Se Pontalis quis destacar principalmente a transformação radical que se realizou tanto na história da experiência psicanalítica quanto na teorização dos psicanalistas sobre isso, de Freud à contemporaneidade, ele evidencia também uma mudança fundamental nas modalidades de subjetivação no Ocidente. Vale dizer, o sonhar como experiência crucial que seria do sujeito se apaga cada vez mais, sendo substituído progressivamente pela presença pregnante, disseminante e assustadora da dor. Enfim, são os impasses crescentes ao sonhar que se colocaram aqui em cena.

Isso não quer dizer que não se sonha mais, evidentemente; o que seria inverídico, empiricamente falando. Porém, dois

[32] J. B. Pontalis (org.), *Nouvelle Revue de Psychanalyse*, nº 5.
[33] J. B. Pontalis, *Entre le rêve et la douleur.*

aspectos devem ser aqui destacados. Primeiro, constituiu-se uma modalidade de subjetividade que sonha pouco, ou mesmo não sonha, em função da impossibilidade de sustentação do desejo e da simbolização daí decorrente. Segundo, que o sonho perde a sua posição destacada, enquanto modalidade de subjetivação, na tradição do Ocidente.

Dito isso, o que está implicado nesta transformação radical? Antes de mais nada, a *perda* do potencial de *simbolização* da subjetividade contemporânea. Esta, com efeito, se empobrece a olhos vistos, no que concerne aos seus recursos simbólicos. Por isso mesmo, a experiência do sonhar perde a posição crucial de revelação do sujeito que ocupava ainda ao longo do século XIX e numa parcela significativa do século XX. A escrita de *A interpretação dos sonhos*, na virada do século XIX para o século XX, foi o monumento simbólico desta ascensão da experiência do sonhar na economia psíquica. Enfim, o sonho ocupava, nesse contexto e momento, uma posição privilegiada nas formas de subjetivação.[34]

Freud retomou aqui a tradição do romantismo alemão, que enfatizava a dimensão de *revelação* presente na experiência do sonhar. Esta tradição retomava, em contrapartida, uma longa tradição *popular* na leitura do sonho,[35] que sempre destacara a potência de revelação presente nele. Tanto na tradição bíblica quanto na greco-romana, a experiência do sonhar foi valorizada na sua potencialidade simbólica. Em decorrência disso, foram forjados nessas diferentes tradições,

[34] M. Foucault, "Les techniques de soi-même". In: M. Foucault, *Dits et écrits*. Volume IV.

[35] S. Freud, *L'interprétation des rêves*, capítulo II.

respectivamente, o método *simbólico* e o do *deciframento* para a interpretação dos sonhos.[36] O Velho Testamento nos fala do primeiro e a tradição romana do segundo.

O método de interpretação proposto por Freud pretendeu ser uma transformação e ao mesmo tempo uma inovação daquele formulado na tradição romana, colocando a ênfase na singularidade do sujeito na experiência do sonhar e criticando a ideia da existência de um código de signos oníricos preestabelecido, chamado justamente de chave dos sonhos.[37] Porém, foi a esta então já longa tradição do deciframento que a psicanálise se filiou e se inscreveu para se constituir historicamente como saber, propondo a sua leitura específica sobre os sonhos.

No entanto, como o próprio Freud nos disse, essa longa tradição já vinha sendo criticada durante todo o século XIX, de maneira sistemática, pela crescente leitura cientificista sobre a experiência do sonhar.[38] Afirmava-se assim, cada vez mais, que o sonhar não era revelador de nada, seja do sujeito, seja do mundo, sendo apenas o subproduto da degradação da atividade cerebral em decorrência do estado do sono. O sonho seria então não apenas um texto silencioso, mas principalmente um antitexto, consequência das transformações neurofisiológicas do sistema nervoso central ocorridas durante o adormecimento. Não existiria, portanto, qualquer atividade psíquica no sonho, sendo esta restrita ao estado de vigília.

---

[36]Ibidem.
[37]Ibidem.
[38]Ibidem, capítulo I.

Assim, a experiência de sonhar foi sendo progressivamente o *alvo* e o *objeto* do processo de imensa *medicalização* do Ocidente, iniciado na passagem do século XVIII para o século XIX, que incidiu sobre a totalidade dos discursos e dos saberes.[39] Esse processo social se incrementou bastante desde então, transformando nossas coordenadas antropológica, epistemológica, ética e política. No que concerne à experiência do sonhar, o que importa ressaltar é que a leitura cientificista do sonho se opunha, nos seus menores detalhes, à leitura que enfatizava a dimensão de revelação, que estaria presente naquela experiência.

Além disso, tal leitura cientificista e o seu correlato, qual seja, o esvaziamento da dimensão temporal presente na experiência onírica, têm como desdobramento crucial a ênfase conferida à espacialização dessa experiência. Isso porque, dessa perspectiva, o sonho perdeu sua estatura teórica de ser algo da ordem da *linguagem*, seja esta compreendida no registro da *fala*, seja no da *escrita*.[40] A biologização presente na leitura cientificista do sonhar enfatizava apenas a dimensão do sonho no registro da imagem, na qual a dimensão espacial se sobrepujaria à dimensão temporal, que tende então ao desaparecimento.

O discurso atual das neurociências e o desenvolvimento da medicina centrada cada vez mais nas imagens evidenciam

---

[39] M. Foucault, *Il faut défendre la société*. Idem, *Naissance de la clinique*. Idem, *La volonté du savoir*.

[40] J. Lacan, "Fonction et champ de la parole et du langage en psychanalyse". In: J. Lacan, *Écrits*. J. Derrida, "Freud et la scène de l'écriture". In: J. Derrida, *Écriture et difference*.

a continuidade dessa transformação cognitiva fundamental. O que se assiste hoje, contudo, com a medicina das imagens, é já o ponto de chegada de uma longa marcha iniciada na segunda metade do século XIX, na qual a espacialização da experiência se contrapunha à temporalização.

Porém, se o discurso freudiano se opunha a essa leitura cientificista e espacializante, pelo duplo enunciado de que o sonho era uma modalidade de pensamento e uma produção plena de sentido,[41] por um lado, e que mediante o sonho o sujeito realizava desejos,[42] por outro, o próprio Freud destacava já uma transformação crucial que estava se processando na experiência onírica. Com efeito, se, pela proposição axial de que o sonho era uma realização do desejo, o discurso freudiano articulava o sonhar à dominância ao princípio do prazer no psiquismo, com a ênfase sendo progressivamente colocada posteriormente no pesadelo e na *compulsão à repetição*, o que se impunha era a presença avassaladora de *além* do princípio do prazer.[43] Enfim, com a dominância de um dos princípios sobre o outro, certas formações psíquicas se impunham necessariamente em face de outras.

Assim, desde o início dos anos 1920, no ensaio intitulado "Além do princípio do prazer", o discurso freudiano já destacava, na leitura dos sonhos presentes nas neuroses traumáticas, a dominância das experiências de desprazer, e não mais a de prazer, como afirmara anteriormente. Vale dizer, o que emergia na experiência do sonhar era agora

[41]S. Freud, *L'interprétation des rêves*.
[42]Ibidem, "Introdução".
[43]Ibidem, capítulo II.

a dor, e não mais a realização do desejo, pela mediação e inflexão da compulsão à repetição. A dor se impunha então ao psiquismo, de maneira ao mesmo tempo incontrolável e compulsiva, mas como um movimento estruturante do psiquismo, no entanto, para dominar a dor resultante de um trauma.[44] Portanto, se pela repetição o psiquismo buscava compulsivamente realizar a simbolização de um trauma, procurando transformar a dor num símbolo, o que importa ressaltar é que neste registro tanto o símbolo se encontrava inexistente, nos sonhos da neurose traumática, quanto não ocorria a realização do desejo, nesta modalidade de sonho, cara e coroa que seriam da mesma moeda.

Se a dor se faz assim pregnante, no entanto, isso evidencia que é a espacialização que ocupa agora a totalidade da experiência psíquica, que perderia então sua potência temporalizante. É apenas o espaço que ocupa agora o campo da experiência, e não mais o tempo, pela repetição compulsiva do mesmo, isto é, pelo retorno terrorífico das imagens traumáticas. Estas então não mais se temporalizam e se simbolizam, permanecendo atadas à imobilidade do acontecimento traumático. É a imagem, na sua dimensão estática e espacial ao mesmo tempo, na sua ataraxia, enfim, o que se impõe no psiquismo.

É importante sublinhar que, em 1914, poucos anos antes da publicação de "Além do princípio do prazer", o discurso freudiano já esboçava essa mesma problemática, mas a inscrevia num outro contexto teórico. O que estava em pauta

[44]S. Freud. "Au-delà du principe de plaisir". In: S. Freud, *Essais de psychanalyse.*

em "Rememoração, repetição, elaboração"[45] era a impossibilidade de *rememorar* da figura do analisante no espaço da experiência psicanalítica e a imposição da repetição daquele sob a forma de atos na relação com a figura do analista. Como a *rememoração* era uma operação psíquica essencial, no paradigma teórico constituído pelo discurso psicanalítico desde *A interpretação dos sonhos*, contrapartida que era da interpretação e da dimensão desejante do psiquismo, Freud procurou evitar a dificuldade que já então se impunha, afirmando que repetir seria uma outra forma de se recordar.[46] Seria, no entanto, uma recordação que se faria sob a forma de atos e não mais em palavras, o que definiria a sua especificidade psíquica. Posteriormente, contudo, Freud teve que retificar tal formulação teórica, com o que enunciou sobre o estatuto da compulsão à repetição, em "Além do princípio do prazer", como destaquei acima.

Para o que nos interessa sublinhar aqui, no entanto, é preciso dizer que a recordação é uma experiência inscrita no registro da temporalidade, como ressaltei no início deste capítulo, ao me referir à evocação. A compulsão à repetição, em contrapartida, como repetição em atos que se realizam no campo da experiência da transferência, se reduz principalmente à dimensão do espaço. Portanto, enquanto repetição do mesmo, a compulsão à repetição não se inscreve no registro do tempo e no registro simbólico, como ocorre com a evocação e a rememoração.

---

[45] Ibidem.
[46] S. Freud, "Remémoration, répètition et élaboration". In: S. Freud, *La technique psychanalytique*.

O que se coloca aqui em evidência é que a transformação nas formas de subjetivação já se faziam presentes nos anos 1914 e 1920, no discurso psicanalítico. Neste, com efeito, a dor já se impunha como problemática em oposição ao registro do desejo, de maneira que a compulsão à repetição se impunha inequivocamente no psiquismo em face da recordação. Com o registro da apresentação/presentação se impondo ao da representação, seria a ordem da espacialização que se fazia então presente, enfim, em face do registro do tempo.

Assim, o discurso freudiano transformou a sua concepção da experiência psicanalítica. Se essa foi concebida inicialmente como fundada na *interpretação* e em seguida como uma *analítica da resistência,* neste novo contexto a experiência psicanalítica estaria centrada na *repetição.* Isso porque a compulsão à repetição se disseminava pelo espaço analítico, sem qualquer limite e fronteira, impondo-se agora como a sua problemática fundamental.[47]

Desde então, no entanto, esta predominância do registro do espaço sobre o do tempo vem se incrementando cada vez mais na nossa tradição, de maneira que a dimensão de dor ocupa cada vez mais um lugar privilegiado no psiquismo em face do registro do desejo. Daí a pertinência do título do livro de Pontalis, que enfatizou o *deslocamento* do registro do sonho para o da dor. Ao lado disso, o pesadelo se torna então cada vez mais presente, conforme a referência do discurso freudiano ao traumático já evidenciara.

---

[47] S. Freud, "Au-delà du principe de plaisir". In: S. Freud, *Essais de psychanalyse.*

Assim, fazendo um contraponto entre *modernidade* e atualidade, que se pode denominar *pós-modernidade*, *modernidade avançada* ou *hipermodernidade*, como se queira,[48]

---

[48]No que concerne a isso é preciso considerar o seguinte. Os teóricos norte-americanos em geral preferem se referir à pós-modernidade para descrever os novos tempos em oposição à modernidade. Não se deve, contudo, ser esquemático em relação a isso, já que encontramos entre os europeus não apenas o acento incidindo sobre a ruptura como também a caracterização dessa ruptura como algo positivo. Não obstante a leitura negativa da ruptura, o cientista social Zigmunt Bauman (*O mal-estar na pós-modernidade*), enuncia a existência negativa da pós-modernidade. De um outro ponto de vista, o filósofo francês Jean-François Lyotard (*La condition postmoderne*. Paris: Minuit, 1979) também reconhece a existência da ruptura e o fim da modernidade, sublinhando a impossibilidade teórica atual de as grandes narrativas serem realizadas. O italiano Gianni Vattimo (*La fin de la modernité*; *La société transparente*) não apenas insiste na ruptura radical, como é um entusiasta dos tempos pós-modernos, baseando-se para isso em outros critérios filosóficos. Em contrapartida, o cientista social francês Gilles Lipovetsky (*L'ère du vide*) destaca a ruptura, mas de maneira negativa, referindo-se à pós-modernidade como o império do vazio e do efêmero, marcado pela frivolidade. Posição essa que não é muito distante da posição expressa pelo sociólogo Jean Baudrillard (*Amérique*), que também a considera de maneira negativa.

Por sua vez, alguns europeus ainda insistem na existência da modernidade hoje, sublinhando a *radicalização* de seus pressupostos. Assim, Anthony Giddens (*As consequências da modernidade*), sociólogo inglês, prefere se referir à existência de uma *modernidade tardia*, estando próximo dos caminhos teóricos do cientista social alemão Ulrich Beck (*Risk society: towards a new modernity*), destacando Giddens a existência de uma *modernidade reflexiva*. Da mesma forma, o cientista social francês Georges Balandier (*Le grand dérangement*) insiste na existência de uma *supermodernidade*, na qual os fundamentos da modernidade ainda permaneceriam. O filósofo alemão Jürgen Habermas (*Le discours philosophique de la modernité*) destaca-se como um defensor implacável do projeto da modernidade. Tudo isso para nos referirmos apenas aos campos das ciências sociais e da filosofia, deixando de lado o campo da estética, onde teóricos como H. Meschonnic (*Modernité Modernité*) destacavam ainda a presença viva do ideário da modernidade.

Além desses, existem autores franceses, nos campos das ciências sociais, das ciências humanas e da filosofia, que enunciam o conceito de *hipermodernidade*. Sobre isso, pode ser consultado: *Actes du Colloque L'individu Hypermoderne*, vols. 1 e 2.

Para um comentário crítico e de conjunto sobre estas diferentes linhas de interpretação, pode ser consultado: Joel Birman, *La psychanalyse et la critique de la modernité*. In: C. Boukobza, *Où en est la psychanalyse? Psychanalyse et figures de la modernité*. p. 41-57. Neste ensaio, o autor procura diferenciar a modernidade e o *modernismo*, considerando este como uma crítica daquele.

pode-se dizer que, se o registro do sonho se apaga cada vez mais diante do da dor/pesadelo, isso implica a pregnância assumida progressivamente pela categoria do espaço na experiência psíquica e a rarefação correlata da categoria de tempo.

É claro que essa transformação não se deu numa descontinuidade abrupta e cortante entre estes dois momentos históricos, mas foi se produzindo *progressivamente* no campo da experiência psíquica, como já indiquei acima, destacando as próprias mudanças ocorridas no discurso freudiano sobre a experiência do sonhar. No entanto, como vou ainda indicar e analisar ao longo deste ensaio, uma transformação histórica maior da subjetividade ocorreu na nossa tradição, que estaria no fundamento dessa transformação psíquica no registro do sonho. Enfim, é a condição do sujeito que está em questão nessa transformação radical.

Para evidenciar essa transformação, faremos no capítulo a seguir a leitura crítica de um filme, com a intenção de ressaltar, por meio de um de seus personagens, alguns traços cruciais que se encontram presentes nas subjetividades da atualidade. O que pretendo com isso é procurar *mostrar* pela retórica artística, seja esta literária ou cinematográfica, como tais subjetividades se apresentam hoje e se impõem no registro estético, no intuito de representar artisticamente o que acontece na contemporaneidade.

CAPÍTULO 2 No deserto do real

I. Olhos e ouvidos bem fechados

No filme *De olhos bem fechados* (1999), do cineasta Stanley Kubrick, a trama começa, se tece e se fecha em torno de um sonho. Pode-se até mesmo afirmar que toda a narrativa em questão se constrói entre a possibilidade e a impossibilidade da experiência do sonhar, tanto nos seus desdobramentos estruturantes quanto nas consequências trágicas disso para seus personagens principais. De qualquer maneira, é a função do sonhar para a existência humana que está sempre em questão nesta narrativa fílmica *exemplar*, que evidencia de maneira *paradigmática* a condição da subjetividade na atualidade.

A principal personagem feminina (Alice, interpretada por Nicole Kidman), esposa de um médico bem-sucedido (Bill, interpretado por Tom Cruise) e que circula socialmente nas altas-rodas da sociedade de Nova York, conta para o marido, após uma festa, como se sentira provocativamente olhada e atraída por um homem num hotel em que a família passara as férias no último verão. Ficara fascinada pelo desejo que o marinheiro expressava em seu olhar penetrante e pelo desejo que se apossara de seu corpo. Tivera, em seguida, um sonho erótico com o tal homem. Recordara esse sonho repetidas vezes, pelo desejo ardente que isso lhe provocava. Afirmara ainda que, se aquele marinheiro, naquele dia, a tivesse convidado para transar e ir embora com ele para sempre, ela não teria hesitado. Feliz ou infelizmente, isso não ocorrera.

Esse relato contrasta completamente com uma sequência inicial do filme, na festa de Natal a que fora com o marido, na qual um homem tenta seduzi-la de todas as maneiras possíveis, numa dança prolongada, em que ela, apesar de flagrantemente provocativa e sedutora, não responde aos apelos lúbricos do seu parceiro de dança.

A revelação ao marido foi feita numa conversa insinuante, na intimidade do casal, entre a muitas baforadas de maconha e regada a álcool, na qual ela interpela o desejo do marido de maneira frontal. Diz tudo isso com diferentes insinuações e numa postura bem lânguida. Pergunta-lhe o que sentia quando examinava suas pacientes. Como ficava diante delas nuas e quando lhes apalpava os seios? Indaga, então, de forma desafiadora: "Você não sente nada? Não gostaria de transar com elas?" Diante do silêncio inquieto e atônito do marido, afirma ainda de maneira mais peremptória: "Não consigo acreditar!!!", "Você não sente nada?!", diz a mulher, que se cala e se mantém então num silêncio provocante, procurando assim despertar o desejo do marido.

O marido, entre perturbado e perplexo, não entende absolutamente nada do que se passa com a esposa. Responde então literalmente à mulher, com declarações de amor eterno. Por isso mesmo, não desejava outras mulheres, que sempre o seduziam ostensivamente; como ocorrera, aliás, na festa em que foram juntos. Além disso, diz à esposa que ela é linda e deslumbrante, e portanto ele não queria saber de outras mulheres em sua vida, mas apenas dela.

A conversa é interrompida abruptamente por uma urgência médica, a morte de um paciente, tendo o marido que se retirar. Na casa do morto, a filha deste faz a Bill juras de amor, que o deixam entre embaraçado e indiferente, mas ele a trata com a delicadeza e cortesia de sempre. Não era a primeira vez que isso acontecia, mas ele interpreta aquelas declarações de amor como um signo flagrante do desamparo da jovem mulher, em decorrência do falecimento do pai. Trata-a então de forma cuidadosa e profissional, de médico do pai, sempre numa distância polida.

Porém, o sonho e o desejo por um outro homem, revelados pela mulher, o perturbam intensamente, tirando-o de seu fio de prumo. Suas existências profissional e conjugal, construídas meticulosamente como se fossem um feliz conto de fadas, caem então inteiramente por terra. O médico, figura esmeradamente bem-comportada, levando uma vida asséptica e cercado por uma rica clientela, se sente efetivamente ferido de morte. Seu corpo está dilacerado. Nada mais poderia ser como era antes, após a brutal revelação da esposa.

No decorrer do filme, essa cena do sonho o acossa, lanhando seu corpo e produzindo uma dor lancinante, na tentativa angustiada de controlar o sonho e o desejo de sua mulher. Como teriam sido as cenas eróticas sonhadas pela esposa? Imagina ele, de maneira repetida, as mais diversas sequências eróticas dela com o outro homem, que não tinha face nem tampouco nome. Tratava-se apenas de um marinheiro, que era evocado fantasmaticamente no seu uniforme, nas tentativas que faz de imaginar o sonho da mulher. Era apenas isso que sabia do ilustre desconhecido. Como teria sido? Imagina e varia incansavelmente as sequências do sonho, sem parar, e recomeça novamente a seriação desbotada das imagens.

O filme se desdobra em torno dessa sequência, como efeitos em cascata, a partir dessa problemática fundamental. Perturbado, o marido quer saber algo sobre seu próprio desejo, pois fora nisso que se centrara a interpelação da esposa. O que ele deseja, afinal? Nada sabe efetivamente sobre isso. Está em face de uma verdadeira incógnita, já que nunca se perguntara sobre isso ao longo da vida. O silêncio paira sobre esta questão crucial de sua existência. Nenhuma revelação, enfim, se evidencia para ele, pois passara a existência de olhos bem fechados, olhando para a ponta de seu nariz e sem enxergar nada sobre as questões fundamentais de sua vida. Não enxergara nada do que se passava no mundo à sua volta, colado que ficara à sua imagem de médico bem-sucedido e de seu conto de fadas familiar e matrimonial.

Diante do silêncio e da incógnita sobre o seu desejo, passa então a persegui-lo no campo da realidade, guiado por sua vontade, mas sem muita convicção interior. Continua cego e surdo, certamente, pois seus olhos e ouvidos permanecem bem fechados. Resta-lhe somente a possibilidade de agir, empurrado por sua férrea força de vontade. Se o pensamento não o ajuda em nada, é preciso agir, custe o que custar, mesmo que faça isso de uma maneira cega.

Encontra então uma prostituta, por acaso, andando pela rua à noite, a esmo, que lhe oferece seus serviços eróticos. Aceita então ir à casa dela. Porém, nada acontece, pela impossibilidade dele de transar. Contudo, como bom moço que é, paga generosamente a conta, apesar de a mulher não querer lhe cobrar. Afinal, não trabalhara para isso, dizia ela. Mas você perdeu o seu tempo comigo, dizia ele, sempre excessivamente correto, aplicando as regras da polidez literalmente, sem qualquer rasura e nuance.

Sai angustiado da casa da prostituta e continua a andar a esmo, sem destino. Encontra um bar e entra para tomar um drinque. Logo em seguida, vê um antigo colega de faculdade, que desistira dos estudos médicos para ser pianista. Este estivera também na festa inicial do filme, tocando piano, quando se reencontraram após tantos anos. O colega lhe fala então sobre uma festa privada, na qual iria tocar ainda naquela noite e onde já estivera outras vezes, e de como nunca conhecera nada igual na sua vida. Fustigado pela curiosidade e pelo que se impunha a ele, como proposta existencial, acaba por tirar a contragosto do amigo o endereço da festa e a senha de entrada, apesar do segredo absoluto que cercava a tal festa íntima.

Decide então ir, custasse o que fosse, mas para isso teria que vestir uma *fantasia*. Esta era a exigência básica da festa secreta. Começa a procurar desesperadamente uma loja pela madrugada e consegue por fim *alugar* um traje. Sua fantasia é muito simples, despojada e descolorida ao máximo, compatível com a forma de ser de Bill. Somente o uso de uma máscara sugere se tratar de uma fantasia. Porém, o uso daquela era fundamental no código da festa, para que não fosse revelada a *identidade* dos convidados. Enfim, o *segredo* se impunha, como já lhe dissera o amigo pianista.

Ao chegar à festa, fica chocado com o que vê. Não obstante a advertência do amigo de que nunca vira nada igual na vida, a surpresa é enorme. Descobre que está numa grande suruba dançante, hétero e homossexual, todos nus e seminus, todos usando máscaras. O cenário é muito impactante no que contém de grotesco e macabro.

Apesar da surpresa, não vai embora, mas circula pelo ambiente, procurando mostrar naturalidade e tranquilidade. Acaba, então, por ser reconhecido como intruso e ameaçado de morte. O milionário, que o convidara para a festa inicial do filme, o reconhece e avisa os demais. Ao ser ameaçado de morte, safa-se de maneira inesperada: alguém se oferece para morrer em seu lugar. Uma mulher que ele tinha salvado de uma *overdose* na festa inicial do filme oferece-se em *sacrifício*. Foi assim poupado, em decorrência de uma *dívida,* e sai da festa na condição de expulso e como *persona non grata*, bastante assustado com o que viu e com o que lhe aconteceu, evidentemente.

Porém, a saga terrorífica não termina. Intrigado com o que lhe acontecera, resolve procurar o pianista no hotel em que este estava hospedado. Descobre que o colega tinha sido levado por homens estranhos e suspeitos. Imagina que possa ter sido morto pelos organizadores da festa. Resolve ir então ao necrotério de Nova York, apresentando-se com sua carteira de médico. Vê então o corpo da mulher que se sacrificara em seu lugar. Mas não encontra o do colega pianista. Chocado, volta à casa da prostituta. Descobre, então, pela amiga com quem ela divide o apartamento, que a moça fora embora, porque descobrira que estava com Aids. No fim de tudo, volta para casa, angustiado e aterrorizado com o que lhe acontecera. Compartilha então com a esposa tudo o que experimentara, com lágrimas e soluços de ambas as partes.

A narrativa deixa entrever que Bill percorreu todas essas peripécias e sequências praticamente sem dormir, como se tivesse sido lançado num pesadelo interminável. Contudo, entremeando esse pesadelo, as cenas do sonho de sua mulher transando com outro homem o obcecavam e não o abandonaram em nenhum momento. A evocação do sonho lhe vem de maneira compulsiva, como um pesadelo.

Portanto, a narrativa do filme se polariza entre o sonho erótico de Alice, regado a desejo, narrado sem detalhes, e o pesadelo de Bill, mergulhado no abismo da dor, apegado obsessivamente à sua única identidade, a da figura do médico bem-apessoado e bem-sucedido. Na narrativa fílmica, Bill repete como um refrão um mesmo gesto: apresenta-se com a sua carteira de identidade de médico em todos os lugares aonde vai.

Tudo isso se passa no tão valorizado cenário do Natal norte-americano, no qual a família é erigida como signo e instituição maior do *American way of life*. O suposto amor da cristandade se articula intimamente às requintadas árvores de

Natal, no cenário das casas e na rica decoração da cidade de Nova York, na qual circula um desenfreado *consumo* pela compra de presentes. O filme termina, aliás, numa famosa loja de brinquedos, onde o casal, ainda aturdido com tudo o que ocorrera, passeia com a filha, para que esta escolha seus presentes natalinos.

Porém, uma última fala de Alice enuncia o que para ela estaria em questão, em todo o filme, nas suas desventuras com o marido: "Nós precisamos transar." Relança então o que já estava colocado em surdina, no início do percurso trágico de Bill, na interpelação que lhe fez Alice: "Onde está o seu desejo e erotismo, afinal?"

II. Desejo e fantasma

Essa narrativa fílmica de Kubrick foi baseada num conto do escritor austríaco Arthur Schnitzler, psiquiatra por formação, mas literato por ofício. O conto se intitula *Traumnovelle*, traduzido no Brasil por *Breve romance de sonho*.

O conto e toda a obra de Schnitzler se passa em Viena, no início do século XX, descrevendo criticamente a existência de uma alta sociedade corrupta e hipócrita. Mas o conto em questão se baseia no famoso caso Redl, ocorrido em 1913, em que se descobriu que Alfred Redl, apesar de ser casado, era homossexual. Um grande escândalo para a sociedade vienense. Redl era um alto funcionário do exército austríaco, ao mesmo tempo muito admirado e elogiado pelo imperador. Schnitzler introduziu no conto as questões da sexualidade e do sonho, que lhe interessaram bastante ao longo de toda a sua obra.

Schnitzler foi contemporâneo de Freud, que tinha, aliás, muito respeito e admiração por sua obra literária. Freud chegou mesmo a dizer que Schnitzler tinha conseguido enunciar, com a simplicidade poética da ficção literária, coisas que lhe haviam exigido muito tempo de árduo trabalho científico, muitas proposições teóricas da psicanálise. Estas encantavam Schnitzler, como se evidencia fartamente nesse conto.

Antes de mais nada, Schnitzler reconhece que existe uma dimensão *real* no sonho, que tem um efeito poderoso sobre o sujeito. Não apenas sobre o sujeito sonhador, mas também sobre aquele a quem o sonho é narrado ou, mais fundamentalmente ainda, endereçado. Ser personagem do sonho de alguém implica certamente muita coisa, pela densidade existencial presente na narrativa onírica. Paga-se um preço, em geral muito alto, por isso, mesmo que o endereçado nem sempre o saiba. Além do mais, sonha-se frequentemente para alguém, sem que este apareça necessariamente de maneira patente na narrativa onírica.

Assim, o sonho não é um faz de conta, nem um simples devaneio inconsequente, pois remete o sujeito para algo da ordem do real. No filme que analisamos, esse efeito se evidencia não apenas na sonhadora, mas também em seu marido, que fica inteiramente subvertido com o relato da esposa. Porque o sonho é uma realização do desejo do sonhador,[1] conforme nos ensinou Freud. Esta realização se inscreve na

[1]S. Freud, *L'interprétation des rêves*, capítulo II.

realidade psíquica, mesmo que não aconteça literalmente na *realidade material*.[2] Vale dizer, o cenário do sonho se passa numa *Outra cena*, que não é o espaço da consciência e do eu, que estariam então descentrados em relação ao registro desejante do sujeito.

Foi esse desejo que efetivamente tomou conta de Alice, que, se pudesse, o teria realizado no campo concreto da realidade material. O disparador disso foi o olhar penetrante de um marinheiro, que pôde incidir sobre o seu corpo apenas porque Alice mantinha sempre os olhos bem abertos e estendidos os poros de sua pele. Porém, o fato de ter sido possuída por tal intensidade do desejo, dirigido a outro homem, teve um efeito traumático sobre o marido, que se reconheceu assim como despossuído de potência e destituído da possibilidade de desejar.

Rigorosamente falando, o marido não esperava por isso. Não imaginara jamais que tal coisa pudesse lhe acontecer. Daí o efeito traumático do relato da esposa. Foi tomado de *surpresa* por esse relato, pois vivia tão centrado em si próprio, cultivando sua identidade de médico bem-sucedido da burguesia e da elite de Nova York, que não mantinha os olhos bem abertos para o que ocorria à sua volta e em si mesmo. Não podendo então fazer qualquer *previsão* e se *antecipar* ao pior, foi tomado pelo choque da revelação da mulher e virado de ponta-cabeça.[3]

---

[2]Ibidem, capítulo VII.
[3]S. Freud, *Inhibition, symptôme et angoisse.*

Porém, se tal antecipação não foi possível para o personagem, isso se deve a um limite de sua possibilidade de temporalização e de seu apoio ostensivo no *aqui* e *agora* de suas coordenadas espaciais. O apego ostensivo aos seus signos identitários e ao seu eu indica justamente isso.

A antecipação de um perigo, possível de ocorrer no futuro, como nos disse Freud em *Inibições, sintomas e angústia*, implica tornar presente algo que é ainda ausente, pois se encontra adiante, num futuro possível.[4] Essa temporalização antecipante pressupõe a simbolização de uma *ausência* pela mediação de uma *presença*, isto é, de tornar patente algo que é de ordem apenas virtual. Trata-se daquilo que Freud denominou *angústia-sinal* ou *sinal de angústia*, que seria o motor da antecipação e da proteção do psiquismo em face dos perigos possíveis.

Se o sujeito não pode realizar isso, preso que fica em sua autossuficiência narcísica e excessivamente autocentrado, será sem dúvida pego de surpresa por um acontecimento inesperado e lançado então no turbilhão abissal de uma experiência traumática. Assim, a *angústia do real*[5] se impõe no psiquismo, com o seu cortejo de dor e de gosto amargo de morte, lançando o sujeito na posição do *desamparo*.[6]

Porém, a dita antecipação e simbolização de um acontecimento ainda ausente e virtual, pois somente referido ao futuro possível e não ao presente, supõe que o sujeito possa *fantasmar* algo que é ainda inexistente. Esse fantasmar

---

[4]Ibidem.
[5]Ibidem.
[6]S. Freud, *Malaise dans la civilisation*.

implica ainda a categoria do tempo, e ambos se articulam, reciprocamente, intimamente com os registros da antecipação e da simbolização.

Tudo isso nos indica, portanto, que para o sujeito desejar é preciso também que possa fantasmar,[7] sem o que o desejo não se ordena e não se encorpa. A possibilidade de fantasmatização se inscreve no registro psíquico da *imaginação,* que implica, em contrapartida, a antecipação e a categoria de tempo na experiência psíquica. O limite existencial do personagem do marido se evidencia então nesse ponto, isto é, na pobreza de sua possibilidade de fantasmar. Não foi justamente isso que a mulher disse na interpelação dirigida a ele? Não lhe perguntou o que sentia concretamente e o que imaginava ao examinar suas pacientes?

Por isso mesmo, o marido foi buscar o seu desejo na realidade material, pela impossibilidade de captá-lo no registro da realidade psíquica. Isso ocorreu inicialmente com a figura da prostituta, e se repetiu na festa pós-moderna. O que o sujeito não encontra na realidade psíquica tenta capturar no registro do real. Não encontrou no psiquismo, pela impossibilidade que evidenciava de fantasmar pela imaginação.

Assim, para entrar na festa teve de ir em busca de uma fantasia para se enfarpelar, condição para a sua entrada. Entretanto, *usar* uma fantasia e *alugar* uma fantasia não é a mesma coisa de tê-la *incorporada* a seu ser, isto é, de ser por ela *habitado*, mas uma *mímese* do fantasmar e uma simples *mise-en-scène*, isto é, uma forma de *como se*. Portanto, a

[7] S. Freud, *L'interprétation des rêves*, capítulo II.

fantasia que transveste o personagem em questão não tem a *potência* de realização do desejo, que sem a do fantasma encorpado não sustenta, então, o erotismo.

Por que não tem a mesma potência? Ora, a razão de ser do erotismo é a *afirmação da vida* contra a *morte*, sendo essa o fundamento do último dualismo pulsional concebido pelo discurso freudiano em 1920, com "Além do princípio do prazer".[8] Com efeito, ao opor a pulsão de vida à pulsão de morte, o discurso freudiano estava em face do incremento clínico e histórico da experiência do traumatismo, na qual a possibilidade da morte se afirma contra a potência da vida. Portanto, pela mediação do fantasma e do desejo o sujeito constrói o erotismo como contraponto insistente à iminência aterrorizante da morte, que se realiza pelo trabalho da pulsão de morte. Porém, se a morte não pode ser efetivamente mantida a distância pela ação permanente da pulsão de vida, aquela se impõe triunfalmente sobre o psiquismo, sob a forma da dor e do trauma. Não foi justamente isso que ocorreu com o personagem do marido, ao escutar o relato do sonho erótico da esposa?

Assim, não foram por obra e capricho do acaso as diversas mortes que ocorreram em torno da figura do médico nas duas noites e um dia que teve de experiências estranhas. Tais mortes foram a consequência e o desdobramento daquela lógica implacável, acima descrita, que as articula de maneira íntima. De fato, a figura trágica da morte, como emanação que é do real, se impõe ao psiquismo sob a forma da dor e

[8]S. Freud, "Au-delà du principe de plaisir". In: S. Freud, *Essais sur psychanalyse.*

do trauma, quando o sujeito não pode se contrapor a isso pelo desejo e pelo fantasmar.

A morte como metáfora é a representação do *espaço absoluto*, figurada pelo corpo imóvel, enrijecido e descolorido do cadáver. Dessa maneira, é justamente o oposto da metáfora da vida, representada pelo fluxo e pela afirmação do desejo, permeados pela temporalização do corpo móvel e dançante da existência. Em seu volume endurecido e em sua imobilidade, o cadáver é uma escultura espacial da carne transformada em pedra, em oposição à mobilidade do corpo do vivente, no qual o tempo cadencia seus ritmos.

Portanto, nessa surpreendente e inquietante retórica ficcional de Schnitzler se condensa de maneira magistral não apenas o que é fundamental na concepção do sonho formulada pelo discurso freudiano, como também o que estava em pauta no projeto da modernidade.

O que se impõe agora é indicar e esboçar como este projeto começou a se esboroar e a ser transformado de maneira radical na atualidade. Tudo isso também nos foi delineado pela narrativa fílmica de Kubrick. E será o que colocarei em destaque para concluir este capítulo, antes de empreender uma leitura mais detalhada da espacialização da experiência psíquica na contemporaneidade nos capítulos que se seguem.

III. O sujeito em questão

A interpretação dos sonhos foi uma das obras maiores que inaugurou o século XX, sendo, além disso, emblemática do projeto da modernidade. Isso porque, desde a virada do século XVIII para o século XIX, com a Revolução Francesa, passou-se a acreditar que a sociedade poderia ser reinventada em outras bases, pela transformação efetiva da antiga, virando-a de ponta-cabeça. Iniciou-se, assim, o ideário da *revolução*, que marcou a modernidade de maneira indelével. O século XIX e parte do século XX foram marcados por revoluções que transformaram radicalmente a paisagem do mundo. Nada mais foi igual ao que era antes, iniciando-se então uma outra história de longa duração, que Hobsbawm chamou justamente de *era das revoluções*.[9]

Além disso, com o romantismo surgiram novas linguagens e retóricas nos registros da literatura e das artes plásticas, que logo se disseminaram também para o teatro e o cinema. Em decorrência disso, foram constituídos diferentes movimentos de *avant-garde*, nos quais as mais diversas retóricas, todas sempre originais, tomavam corpo e forma, rompendo com as tradições até então estabelecidas.

O que o discurso psicanalítico formulou, num outro registro, foi apenas o alicerce e o motor dessas potencialidades de mudança. Com efeito, com a tese de que o sonho é uma realização do desejo, Freud nos disse ser ele, o desejo, o que nos move e nos dá alento para existir, impelindo-nos para a transformação do mundo, para a invenção de outros mundos possíveis e para a criação de novas modalidades da linguagem. Vale dizer, o que o discurso freudiano enunciou foi a possibilidade efetiva de produção de *descontinuidade*, provocando inflexões cruciais no registro da *continuidade*.

---

[9] E. J. Hobsbawm, *Las revoluciones burguesas*.

Tudo isso seria forjado pela antecipação do futuro e tomaria forma e corpo pela mediação do desejo e pelo fantasma. Com efeito, tanto a espacialidade das formas e instituições sociais estabelecidas poderiam ser relançadas pelo registro do tempo quanto a temporalidade tomaria outro volume e seria redirecionada pela promoção da descontinuidade.

Porém, é preciso destacar agora que Kubrick não é Schnitzler, mesmo que o primeiro tenha se baseado no conto do segundo para forjar sua narrativa cinematográfica. O argumento do filme não é só o da ficção literária, pois Kubrick introduziu mudanças significativas na narrativa de Schnitzler para a construção de seu argumento. Foram introduzidas então pinceladas e pontuações na narrativa literária inicial que a transformaram radicalmente.

Quais foram essas transformações? A primeira delas, já referida, é que a cena da trama se deslocou da Europa para os Estados Unidos, na cidade de Nova York. Ao lado disso, tudo se passa na época do Natal, isto é, a festa que ritualiza o familiarismo presente na tradição norte-americana. Portanto, Kubrick se deslocou da hipocrisia vienense do começo do século XX para a hipocrisia norte-americana do *fin du siècle* e do início do século XXI, condensando no fundamental o modelo da sociedade de consumo contemporânea. Enfim, é o mundo da modernidade avançada ou da pós-modernidade que é efetivamente delineado pela sua narrativa cinematográfica.

O que se destaca agora na atualidade? Os impasses e até mesmo a impossibilidade tanto na *circulação* quanto na *realização* do desejo. Se olharmos o filme pelo viés da personagem da mulher, o que se destaca é a dimensão do *impasse*. Entretanto, se percorrermos a narrativa pelo olhar do marido, é a *impossibilidade* que se inscreve então no primeiro plano. De qualquer maneira, o desejo se encontra sempre em questão em qualquer uma destas direções. Em decorrência disso, o registro do erotismo perde a sua potência de afirmação da vida, signo e resultante que é dessa afirmação articulada por Eros. Portanto, o erotismo como potência se reduz ao registro banal do *sexo*.

Não é justamente isso que enuncia Alice, na loja de brinquedos na última fala do filme, quando diz para Bill que para resolver as suas impossibilidades seria preciso transar? Não é isso igualmente que nos apresenta Kubrick nas imagens da festa e da suruba pós-moderna, nas quais o sexo aparece completamente destituído de erotismo?

Ao lado disso, o sonho se apresenta e se coloca como algo no limite de uma realização impossível justamente pelos impasses colocados para a realização e construção do desejo. No que concerne a isso, o personagem do marido é paradigmática das diferentes modalidades de subjetividade presentes na contemporaneidade. Com efeito, a dor e a morte se tornam presenças aterrorizantes na sua existência, perseguindo-o nos seus menores atos e gestos, de maneira que é o pesadelo o que se impõe efetivamente no seu imaginário. Além disso, quando Bill evoca o suposto sonho da mulher, o que lhe vem ao espírito são cenas da transa sexual da esposa marcadas pela repetição, onde o mesmo se repõe sempre e se evidencia na falta de qualquer colorido. Kubrick, aliás, retira propositalmente o colorido dessas imagens, colocando-as como esmaecidas e desbotadas. Insiste, portanto, na equação imaginária entre a mesmidade e a falta de colorido.

Como já mencionado, Bill é autocentrado, colando-se sempre à sua imagem e à sua identidade profissional. É o médico *full-time,* que mostra sua carteira profissional o tempo todo e age também como tal sem qualquer interrupção. É a sua *performance* na realidade, portanto, o que se destaca na sua existência efetiva, sem qualquer brecha ou fenda que possa lançá-lo para as vertigens de um outro registro do real. Sua imaginação é descolorida e pobre, calcinada pelo silêncio e pela ausência do fantasmar.

A festa, com sua suruba pós-moderna, indica também a redução do erotismo ao registro do sexo, movido seja a drogas, seja à religiosidade e ao misticismo exóticos. Com efeito, tanto as drogas quanto a religiosidade e o misticismo orientais são ingredientes utilizados fartamente na atualidade, como antídotos que seriam em face da miséria circulante e da dor que cadencia o mal-estar na contemporaneidade.

Porém, tudo isso tem um efeito marcante sobre a curiosidade intelectual e o saber na atualidade, na medida em que esses são também efeitos do desejo e da sua produção simbólica correlata. O *desejo de* saber é antes de mais nada desejo, isto é, uma produção desejante. Por isso, as condições simbólicas de produção da sociedade contemporânea não são jamais interpeladas pelos diversos personagens do filme, de maneira crítica, evidentemente, pois tomam tudo aquilo que ocorre de novidade como se fossem coisas naturalizadas.

Assim, no centro do poder social e nas suas festividades, onde se inscrevem os personagens importantes dessa ópera-bufa, não existe qualquer curiosidade intelectual e envolvimento com o mundo do saber. Na periferia, no entanto, algo se passa, mesmo que seja de forma pontual e episódica. Não é um acaso, certamente, que o único livro que aparece no filme, que é do campo das ciências sociais, esteja na casa da prostituta. Isso nos sugere que apenas os despossuídos de poder social e supostamente de dignidade moral se questionam sobre as condições do mundo em que existimos hoje.

O que se configura no cenário descrito pela narrativa de Kubrick, portanto, é que na atualidade estaríamos no mundo do *informe*, sem poder sonhar e desejar, mutilados que estamos de nossas possibilidades de fantasmar, sendo engolidos pela dor de existir e pelo pesadelo. É o real, no que existe de mais desértico, que sintetizaria a nossa atualidade na sua nudez. É o *deserto do real* que delineia o campo do sujeito hoje, na ausência de qualquer horizonte possível.

Em tudo isso, é o espaço que engole a possibilidade de temporalização da experiência psíquica, que se cola assim no aqui e no agora do que nos é dado, sem que esbocemos qualquer gesto e intenção, seja de transcendência, seja de pretensão utópica. É esse o mal-estar na atualidade, condensado magistralmente nessa narrativa cinematográfica, que vou começar a analisar de maneira mais detalhada no capítulo que se segue.

CAPÍTULO 3 Subjetividades contemporâneas

I. Coordenadas da atualidade

Tudo o que foi dito anteriormente converge para uma leitura acurada das subjetividades na contemporaneidade. Para isso, no entanto, é preciso delineá-las nas suas especificidades e marcar ao mesmo tempo as suas diferenças em face das formas pelas quais as subjetividades se configuraram na modernidade. As relações entre as categorias do espaço e do tempo, na estruturação da experiência do sujeito, nos fornecerão a direção interpretativa que nos propomos a realizar aqui. A espacialização da experiência toma efetivamente a dianteira desse processo de transformação em pauta, pelo qual a temporalidade progressivamente se apaga e no limite quase se suprime.

Dessa perspectiva, não é um acaso que Fukuyama tenha elaborado seu discurso sobre o *fim da história* com base justamente neste contexto histórico, numa leitura sobre a funcionalidade da sociedade contemporânea e em defesa dos pressupostos do neoliberalismo.[1] O equilíbrio e o desequilíbrio de mercado se inscrevem no primeiro plano dessa leitura, numa interpretação em que a sociedade se reduz, no limite, à condição de mercado de bens e serviços. Ao lado disso, não é também um acaso que outros teóricos, como Lasch, enunciem criticamente a constituição da *cultura do narcisismo* na atualidade,[2] neste contexto histórico, pela qual a problemática da *imagem* se inscreve no primeiro plano na preocupação dos agentes sociais.

Para Fukuyama e Lasch, o que está em questão, de forma explícita e implícita, é a mudança crucial nas relações dos sujeitos com o espaço e o tempo, pela qual o primeiro tende a englobar o segundo. Assim, enunciar criticamente a emergência do fim da história e formular a perda de potência da temporalização na existência social, com a consequente impossibilidade na realização de rupturas e na inflexão de descontinuidades na experiência social, implica necessariamente o silenciamento da temporalidade e a expansão conferida à espacialidade. Ao mesmo tempo, a suposta hegemonia do narcisismo nos destina às miragens do eterno presente, na sua repetição do mesmo, no aqui e agora. Com isso, enfim, a experiência também se espacializa, condenada que fica à inexistência de qualquer horizonte de futuro.

Num momento histórico anterior a essas formulações teóricas, mas que as delineavam já como possibilidades

---

[1]F. Fukuyama, O *fim da história e o último homem.*

[2]C. Lasch, *The culture of narcissism.*

teóricas numa leitura retrospectiva, Debord enunciou o conceito de *sociedade do espetáculo*, na qual os registros do *olhar*, da *visibilidade*, da *cena* e da *exibição* se destacavam na configuração das novas modalidades de sociabilidade.[3] Os laços sociais se restringiriam então ao campo da imagem, de maneira que a cena social se reduziria à retórica do narcisismo. Seria a produção e a exaltação desenfreada das imagens de si mesmo, para o deleite do outro, num campo sempre imantado pela sedução, o que passaria a dar as cartas do jogo na estética performática do espetáculo.

Essa transformação fundamental pressupõe uma mudança nas formas de *mal-estar* presentes na contemporaneidade. A leitura do mal-estar é o leme que nos indica uma direção segura para as transformações que estão aqui em pauta. Ao lado disso, nos permite *contrastar* o mal-estar que se evidenciava na modernidade e aquele que ocorre na contemporaneidade. Isso porque o mal-estar é o signo privilegiado e a caixa de ressonância daquilo que se configura nas relações do sujeito consigo mesmo e com o outro, revelando, assim, as coordenadas cruciais que seriam constitutivas da experiência subjetiva. Vale dizer, é preciso delinear *diferencialmente* a condição do sujeito, na modernidade e na atualidade, pela leitura de suas respectivas modalidades de mal-estar. Enfim, as formas de estruturação do sujeito se evidenciam melhor pela captação de suas formas de padecimento.

O que é que estou denominando aqui de mal-estar?

---

[3]G. Debord, *La société du spectacle*.

II. Mal-estar

O mal-estar é um conceito eminentemente psicanalítico, que foi enunciado por Freud em *O mal-estar na civilização*,[4] em 1930. Como indiquei em outros livros,[5] o que está em jogo no discurso freudiano, neste ensaio, não é o mal-estar do sujeito no sentido lato do termo, ao se inscrever em qualquer ordem social e em diferentes contextos históricos, mas o mal-estar na modernidade no sentido estrito. Foi a condição e o estatuto específicos do sujeito na modernidade que Freud procurou destacar, delineando o campo do mal-estar como o seu correlato. Isso porque o sujeito foi esboçado como necessariamente histórico, não obstante a sua condição *pulsional* de base. Seriam os *destinos* psíquicos das pulsões,[6] delineados na relação destas com os outros e com os dispositivos sociais, que constituiriam tanto o sujeito quanto o mal-estar correlato.

Sobre isso, é preciso destacar algumas questões preliminares, para localizar devidamente a problemática do mal-estar.

No discurso freudiano, a interpretação a-histórica e sem referência rigorosa a qualquer contexto social, na leitura da palavra *civilização*, foi a resultante tanto de uma leitura *evolucionista* inicial quanto de uma leitura *estruturalista* posterior desse discurso. Dessas perspectivas, o imperativo civilizatório produziria inevitavelmente o mal-estar no psi-

---

[4]S. Freud, *Malaise dans la civilisation.*

[5]J. Birman, *O mal-estar na atualidade.* Idem, *Arquivos do mal-estar e da resistência.*

[6]S. Freud, "Pulsions et destins des pulsions". In: S. Freud, *Métapsychologie.*

quismo, ao deslocar o homem do registro da *natureza* para o da *cultura*. Não obstante suas múltiplas diferenças, seria essa oposição fundamental que direcionaria as interpretações em pauta, de maneira que a pulsão, como ser de natureza, seria irredutível à ordem da cultura. Daí o mal-estar decorrente desse conflito insuperável.

O que essas interpretações não consideraram devidamente foi não apenas a novidade da palavra *civilização* na tradição do Ocidente, como também do seu conceito. A emergência histórica desta palavra, assim como sua inscrição em nosso vocabulário e sua circulação social corrente, evidenciam a produção de processos sociais e políticos que lhe são fundantes e correlatos.

Relativamente recente na tradição ocidental, e inexistente na Antiguidade e no mundo medieval, a palavra "civilização" constituiu-se apenas no século XVIII, na França e na Inglaterra. Essa constatação foi a resultante da pesquisa inicial realizada por Lucien Febvre[7] em 1930 e retomada num comentário arguto empreendido por Benveniste[8] em 1954. Na leitura realizada por este, ficava em aberto a indagação se a palavra tinha sido inventada duas vezes nessas diferentes tradições, independentemente e na mesma época, ou se fora a tradição francesa que a introduzira no vocabulário da Europa moderna.

As investigações realizadas posteriormente conseguiram trilhar a pré-história desta palavra, desde o Renascimento,

[7] L. Febvre, *Civilisation. Le mot et l'idée.*
[8] E. Benveniste, "Civilisation. Contribution à l'histoire du mot" (1954). In: E. Benveniste, *Problèmes de linguistique générale*, tomo 1, p. 336-345.

e enfatizar como se disseminou pela Europa desde o século XVII. Foi esta a contribuição dada tanto por Norbert Elias[9] quanto por Starobinski[10], em tempos e contextos sociais diferentes. Foi apenas então que se constituíram os *jogos de linguagem*[11] iniciais para o seu uso, assim como os seus correlatos *jogos de verdade*.[12] No século XVIII, os discursos antropológico, político e ético, fundados todos no Iluminismo, fixaram outras regras de linguagem e de verdade para o seu uso.[13] Em decorrência disso, a categoria de *civilização* passou a ser oposta à de *barbárie*, sendo ambas, assim, fartamente incorporadas pela retórica e pelo imaginário social no século XIX.

Foi certamente desse solo antropológico, no qual foram opostas as categorias de *civilização* e de *barbárie*, que se constituiu o paradigma evolucionista na antropologia. Ao lado disso, no registro estritamente político, foi ainda do campo dessa oposição que se legitimou o colonialismo europeu no século XIX.

Assim, quando Freud se valeu da palavra *civilização* para cunhar o conceito de mal-estar na civilização, estava efetivamente inscrito neste solo arqueológico. Em decorrência disso, incorporou esses jogos de linguagem e de verdade que foram aí produzidos, e que foram apenas recentemen-

---

[9]N. Elias, *La civilisation des moeurs.*

[10]J. Starobinski, "Le mot civilisation". In: J. Starobinski, *Le reméde dans le mal.*

[11]L. Wittgenstein, "Investigations philosophiques". In: L. Wittgenstein, *Tractatus logico-philosophicus suivi de investigations philosophiques.*

[12]M. Foucault, "Les technologies de soi-même". In: M. Foucault, *Dits et Écrits*, vol. IV.

[13]M. Duchet, *Anthropologie et histoire au siècle des lumières.*

te sedimentados. Estaria bastante distante, assim, do uso atemporal dessa palavra e conceito. Vale dizer, o discurso freudiano estava sempre referido ao discurso do iluminismo francês, assim como ao do romantismo alemão, ao manejar esta problemática da civilização.

Portanto, a categoria de civilização se identificava decididamente com a de modernidade, declinando-se então de maneira orgânica com essa. O conceito de mal-estar na civilização implicava sempre o enunciado da existência do mal-estar na modernidade. Seria essa, assim, a condição concreta de possibilidade para a produção do dito mal-estar, tal como foi finalmente formulado pelo discurso freudiano.

Contudo, ao articular e declinar a palavra "mal-estar" com a palavra "civilização", acoplando agora intimamente uma na outra e forjando com isso um sintagma, o discurso freudiano provocava então uma evidente *dissonância* na concepção de civilização, implodindo radicalmente o sentido original dessa. É a originalidade teórica disso que deve ser então destacada. Revela-se, assim, no discurso freudiano, uma *crítica* da modernidade e de seus pressupostos, pelo mal-estar subjetivo que essa seria capaz de engendrar. Com efeito, as perturbações do espírito seriam disso resultantes, em decorrência das interdições eróticas que a modernidade constituiu para os indivíduos, a fim de se fundar enquanto tal.

Seria justamente esta crítica da modernidade que estaria então no fundamento do discurso freudiano e no enunciado do conceito de mal-estar. O que implica afirmar que este discurso é a contraface do mal-estar presente na modernidade e a denúncia de sua dimensão grotesca, sendo então a modernidade sua condição histórica de possibilidade. Portanto, a psicanálise, como saber constituído no fim do século XIX, foi uma tentativa de resposta e de solução para o mal-estar existente na modernidade.

Assim, em "A moral sexual 'civilizada' e a doença nervosa dos tempos modernos",[14] ensaio publicado em 1908, Freud indicava que o que estava em questão nesta problemática era a *moral* presente na modernidade, que seria a condição de possibilidade das perturbações nervosas. Isso porque a dita moral incidiria efetivamente sobre a existência erótica das individualidades, impondo, assim, restrições e imperativos tão insuportáveis que seriam capazes de perturbar, de maneira indelével, o funcionamento do espírito.

Inaugurando, então, sua crítica sistemática da modernidade, o discurso freudiano retomou os pressupostos enunciados nos *Três ensaios sobre a teoria da sexualidade*,[15] segundo os quais a sexualidade humana seria originariamente perverso-polimorfa, tendo que ser recalcada em nome do imperativo da reprodução da espécie.[16] Além disso, a bissexualidade originária da condição humana seria também recalcada, em função do estabelecimento da ordem familiar.[17] Esta, de fato, assumiu uma versão não apenas nuclear, mas sobretudo monogâmica, que teria afetado psiquicamente

[14]S. Freud, "La morale sexuelle 'civilisée' et la maladie nerveuse des temps modernes" (1908). In: S. Freud, *La vie sexuelle*.
[15]S. Freud, *Trois essais sur la théorie de la sexualité*. 1º ensaio.
[16]S. Freud, "La morale sexuelle 'civilisée' et la maladie nerveuse des temps modernes". In: S. Freud, *La vie sexuelle*.
[17]Ibidem.

homens e mulheres,[18] com nítida desvantagem para estas, certamente em decorrência dos valores do patriarcado, que as submetiam aos homens.[19]

A racionalidade científica e tecnológica do Ocidente, que se encontrava presente na fundação histórica da modernidade, não era certamente alheia a tudo isso, tendo também efeitos decisivos no registro ético. O estilo presente no discurso freudiano é sempre o da crítica, nunca o do elogio, seguramente, não obstante os compromissos sempre renovados deste discurso teórico com a tradição da racionalidade ocidental.[20] É preciso ficar sempre atento a isso para que não percamos de vista o horizonte ético e político que está em pauta na crítica do discurso freudiano da modernidade.

Por isso mesmo, em "Considerações atuais sobre a guerra e a morte", ensaio escrito em 1915, no calor sangrento da Primeira Guerra Mundial, Freud revela sua perplexidade diante dos efeitos devastadores produzidos pela civilização ocidental.[21] Isso porque os representantes maiores desta — isto é, a Alemanha, a França e a Inglaterra —, que deveriam justamente se regular pela razão científica, utilizavam-na, em contrapartida, para finalidades destrutivas e, no limite, anticivilizatórias.[22]

As então denominadas sociedades primitivas mostravam-se, assim, ser bem mais civilizadas que as do Ocidente,

---

[18]Ibidem.
[19]Ibidem.
[20]S. Freud, *L'avenir d'une illusion.*
[21]S. Freud, "Considérations actuelles sur la guerre et sur la mort". In: S. Freud, *Essais de psychanalyse.*
[22]Ibidem.

não obstante serem por estas consideradas não evoluídas e até mesmo próximas da barbárie.[23] Isso porque revelavam um respeito ético pela vida e pela morte, no qual a *alteridade*, como valor ético fundamental, estaria sempre no centro de suas práticas sociais, mesmo na experiência-limite da morte e da guerra.[24] A alteridade, como valor fundante do discurso ético, enfim, teria sido silenciada e entrado em franco eclipse na modernidade ocidental.

O célebre ensaio sobre o mal-estar na civilização,[25] escrito na aurora dos anos 1930, foi o desaguadouro crítico a que conduziram esses comentários anteriores. O discurso freudiano sistematizou aqui os impasses do projeto da modernidade, indicando como o narcisismo solapava por dentro a máxima ética do Iluminismo, centrada na felicidade, no culto do eu e no prazer.[26] Seria o narcisismo, ainda, que implodiria o pressuposto ético do cristianismo, tornando-se este então insustentável, na medida em que, segundo a lógica daquele, seria impossível "amar o próximo como a si mesmo", conforme enunciado por Cristo.

Porém, a tese fundamental sobre o mal-estar na modernidade se condensou, agora, em torno da experiência psíquica do desamparo.[27] A presença trágica da sua experiência na subjetividade moderna e os destinos terroríficos construídos por essa subjetividade para lidar com o desamparo condu-

[23]Ibidem.
[24]Ibidem.
[25]S. Freud, *Malaise dans la civilisation*.
[26]Ibidem.
[27]Ibidem.

ziram as individualidades insofismavelmente ao narcisismo, à violência, à crueldade e à destruição.[28]

O desamparo, no entanto, foi articulado precisamente aqui à *nostalgia da figura do pai*,[29] que, como ausência, nos registros simbólico e real, se fazia presença aterrorizante pela severidade implacável do supereu. Seria isso, então, o que conduziria as subjetividades na modernidade às diferentes perturbações do espírito, articuladas sempre pelo narcisismo, pela violência, pela crueldade e pela destruição.[30]

III. Transformações

Não existem mais dúvidas sobre as mudanças nas formas de mal-estar na contemporaneidade, em contraste patente ao que nos descrevia de maneira cortante o discurso freudiano. O quadro hoje é outro, francamente diferente. Todos estão de acordo quanto a isso. Existe, com efeito, uma transformação nas formas de mal-estar, que é reconhecida pelos discursos psiquiátrico e psicanalítico. No entanto, as divergências existem, mas não concernem ao reconhecimento das mudanças em pauta, e sim à sua interpretação, pelas implicações que disso decorrem.

A psicanálise certamente foi surpreendida pelas transformações em curso, não sabendo ainda como se confrontar com o que existe aqui de inédito. Com isso, seu discurso derrapa

[28]Ibidem.
[29]Ibidem.
[30]Ibidem.

nas múltiplas tentativas de pontuar as transformações com as consequências inevitáveis que isso provoca na escuta clínica.

A psiquiatria, em contrapartida, se vangloria de tudo isso, acreditando orientar-se agora por discursos científicos que poderiam explicitar melhor as novas modalidades de mal-estar. Baseando-se nas *neurociências*, a psiquiatria supõe dominar os melhores e rigorosos instrumentos científicos para regular com mais eficácia o dito mal-estar. Em decorrência disso, a psiquiatria se coloca agora num outro limiar discursivo, pois poderia tornar-se finalmente livre da referência à psicanálise, que marcou sua história durante décadas. Enfim, fundada nas neurociências, a psiquiatria seria então biológica, inscrevendo-se no campo da racionalidade e da institucionalidade médicas.

Não se pode perder de vista, no entanto, que as novas formas de mal-estar foram a condição histórica que possibilitou a oposição entre psicanálise e psiquiatria biológica. Com efeito, se desde o início dos anos 1950 este confronto foi iniciado com a descoberta farmacológica da clorpromazina, foi apenas pela mediação das novas formas de mal-estar que se processou uma outra partilha no campo dos saberes sobre o psíquico, opondo definitivamente os discursos psicanalítico e psiquiátrico.

Assim, se as novas modalidades de mal-estar começavam já a indicar sua diferença nos anos 1970 e 1980, foi nos anos 1990 que todos os seus signos se exibiram com pompa. Como uma verdadeira *prima donna* da sociedade contemporânea, as novas formas de mal-estar se apresentaram com todo o barulho a que tinham direito. No lugar das antigas modalidades de sofrimentos centrados no *conflito* psíquico, nos quais se opunham os imperativos das pulsões e os das interdições morais, o mal-estar se evidencia agora como dor, inscrevendo-se nos registros do *corpo*, da *ação* e das *intensidades*. Foi em decorrência dessa viragem, no ser da subjetividade, que a nova partilha no campo dos saberes sobre o psíquico se fundou.

Em consequência disso, o horizonte dos poderes foi então redistribuído em torno das valências outorgadas pelo campo dos saberes.[31] A psicanálise perdeu assim parcela significativa do poder social que usufruía até então na nossa tradição cultural, como discurso teórico de referência que era no campo dos saberes sobre o psíquico. A psiquiatria, em contrapartida, passou a ocupar uma outra posição no espaço social, deslocando-se decisivamente de seu lugar de subalternidade em relação à psicanálise. Enfim, o campo em questão foi virado de ponta-cabeça, de maneira imprevisível poucas décadas atrás.

Sem querer desmerecer os esforços teóricos de uns e de outros, é preciso reconhecer, como uma questão preliminar a esta discussão, que a problemática em pauta não se restringe ao mero registro da clínica. Ao contrário, o que se processa hoje nesse registro é o ponto de chegada de um longo processo de mudança da subjetividade, que é preciso reconhecer devidamente. Seria essa a condição concreta de possibilidade para não se debruçar sobre a clínica de maneira ingênua.

---

[31] M. Foucault, *Surveiller et punir*.

Tal transformação histórica se funda em operadores políticos, sociais e simbólicos que subverteram o campo dos saberes e dos valores de forma radical. De tudo isso resulta uma outra problemática ética que se impõe na leitura do mal-estar. É por esse viés que o mal-estar se transformou numa indagação ética para a leitura das subjetividades contemporâneas. Estamos aqui diante de uma caixa-preta que deve ser cuidadosamente aberta para que se possam decifrar as surpresas que revela sobre a atualidade.

IV. Cartografia do percurso

Desta perspectiva, minha intenção aqui é partir daquilo que é patente e ostensivo, que se manifesta no registro eminentemente clínico — isto é, as queixas e as maneiras pelas quais o mal-estar é descrito nos discursos psicanalítico e psiquiátrico —, para me indagar, em seguida, sobre os registros *antropológicos* nos quais o mal-estar se inscreve. É necessária, no entanto, uma leitura crítica desses registros a fim de avaliar as escolhas realizadas. Vale dizer, é preciso descobrir as razões pelas quais são tais os registros onde se inscreve o mal-estar, e não outros, na medida em que isso não é óbvio. Isso implica a sinalização das mudanças apresentadas pelas subjetividades contemporâneas em face do passado recente. Ao lado disso, é preciso sustentar algumas interpretações que nos permitam caminhar nesta leitura, é claro.

Para começar a desenovelar esses enunciados, pode-se formular que o mal-estar contemporâneo se inscreve positivamente em três registros psíquicos, quais sejam: o do corpo, o da ação e o da intensidade. Foi pela mediação desses que o mal-estar foi classificado e hierarquizado. Evidentemente, tais registros podem aparecer de forma combinada numa mesma individualidade. Ou, então, enunciam-se de maneira independente na descrição do mal-estar. A combinação é a forma mais comum de apresentação. Porém, na descrição, um dos registros pode assumir maior pregnância que os demais, que ficam então numa posição subalterna. De qualquer maneira, é na prevalência dos registros do corpo, da ação e da intensidade que o mal-estar se faz patente na atualidade, sendo estes que orientam suas descrições, nas quais se particularizam as muitas narrativas clínicas.

Em contrapartida, outros registros antropológicos tendem a ser francamente *negativizados* na descrição do mal-estar na contemporaneidade, enquanto assumiam uma posição destacada na expressão do mal-estar num passado recente. Com efeito, o *pensamento* e a *linguagem* tendem a desaparecer como eixos ordenadores do mal-estar na atualidade, enquanto assumiam anteriormente uma posição nobre na descrição do mal-estar.

Qual a razão da perda de privilégio desses registros em face dos demais, que ganham então a dianteira na configuração das subjetividades contemporâneas? É o que pretendo responder nos capítulos que se seguem.

CAPÍTULO 4 Corpo e excesso

O corpo é o registro antropológico mais eminente no qual se enuncia na atualidade o mal-estar. Todo mundo hoje se queixa de que o corpo não funciona a contento. Algo não está bem com o corpo, que se transforma na caixa de ressonância privilegiada do mal-estar.

Imagina-se sempre que algo deve ser feito para que a *performance* corpórea possa melhorar, pois essa se encontra sempre aquém do desejado. Sentimo-nos sempre faltosos, deixando de fazer tudo o que deveríamos, considerando as múltiplas possibilidades oferecidas para o cuidado do corpo. Enfim, estamos sempre culpados, ainda que levemente, e numa franca posição de *dívida* em relação a isso.

As queixas corporais se inscrevem numa discursividade ao mesmo tempo *naturalista* e *naturista*, que constitui a nossa atmosfera cultural. Vale dizer, não é possível separar de maneira artificial as queixas que temos em relação ao nosso corpo das diversas estratégias publicitárias que nos envolvem, que, sob a forma do naturismo e de naturalismo, nos enviam permanentemente às práticas exóticas e à medicina. Pode-se dizer que estas, nas suas diferenças, constituem as duas faces de uma mesma moeda.

Qual a razão desse prestígio conferido ao corpo? Pode-se afirmar que o corpo, para nós, cidadãos do mundo contemporâneo, é nosso único bem. Todos os outros desapareceram, ou foram relativizados no seu valor. Numa inversão marcante em relação à Antiguidade, pode-se dizer que o corpo se transformou no nosso *bem supremo*. Nem Deus, nem tampouco a alma ocupam mais este lugar de destaque na cosmologia íntima do sujeito na contemporaneidade — apenas o corpo. Portanto, se o bem supremo se aloja no corpo, a *saúde* se transformou no nosso ideal supremo.

Estamos, assim, num estado de *estresse* permanente. Este é o fundo sempre presente nas narrativas sobre o mal-estar e permanentemente reiterado nos discursos sobre o tema. Os diversos discursos médicos falam disso sem parar, como um estribilho que se repete ao infinito. Em última instância, o estresse é designado como o maior mal-estar permanente na contemporaneidade, que pode se manifestar de múltiplas e infinitas maneiras. É o maior mal-estar, já que está no fundamento de todos os demais, pois, passando pela elevação da pressão arterial, da dispneia e da aceleração do ritmo cardíaco, tudo é passível de lhe ser atribuído.

O conceito de estresse formulado por Seyle pretendia circunscrever os perigos para a ordem vital, na qual estes seriam sempre reconhecidos no registro da totalidade psicossomática pela mediação do *medo*. Em decorrência disso, seriam produzidas defesas para garantir a ordem vital: a manutenção da homeostase vital seria imprescindível desta perspectiva regulatória do organismo. Trata-se, portanto, de uma concepção *holística* das relações entre o organismo, o psiquismo e o meio ambiente, de maneira que o estresse é o efeito de uma poderosa descarga neurovegetativa no organismo. As glândulas suprarrenais produziriam hormônios adrenérgicos para colocar o organismo numa posição de alerta. Esse conceito evidencia uma leitura *sistêmica* do indivíduo, que por meio do psiquismo inscreve o organismo no meio ambiente.[1]

Não foi por acaso que Lévi-Strauss se referiu à reação do estresse para interpretar os possíveis efeitos mortais da feitiçaria, quando os presumidos alvos dessa acreditam nos imperativos maléficos de seus enunciados, isto é, quando se inscrevem efetivamente nos pressupostos simbólicos que caucionam estes.[2] As reações neurovegetativas seriam então disparadas pelos terrores promovidos numa subjetividade que acredita nos imperativos mágicos dos enunciados da feitiçaria.[3] A cura xamanística consistiria então, neste contexto, em contrapor o poder simbólico do xamã ao poder mágico do feiticeiro, para suspender os efeitos mortais da reação neurovegetativa.[4]

---

[1]F. Alexander, T. French, *Studies in psychossomatic medicine*. P. Lain Entralgo, *Historia de la medicina moderna y contemporánea*. J. Souhterland, *Evolution of psychosomatic concepts*. E. Weiss, O. English, *Psychosomatic-Medicine*.
[2]C. Lévi-Strauss, "L'efficacité symbolique". In: C. Lévi-Strauss, *Anthropologie structurale*. p. 213-234.
[3]Ibidem.
[4]Ibidem. Sobre isso, ver também: C. Lévi-Strauss, "Le sorcier et sa magie". In: C. Lévi-Strauss, *Anthropologie structurale*, p. 191-212.

O estresse está no centro do mal-estar atual, produzindo diferentes sintomas psicossomáticos. Já mencionei uma série desses sintomas, mas cabe ressaltar ainda que a psicossomática como especialidade — ao mesmo tempo médica, psiquiátrica e psicanalítica — se expandiu muito desde os anos 1980, apesar de os seus primórdios se superporem aos da psicanálise, tendo em Groddeck e Ferenczi seus fundadores.[5] Porém, foi apenas no contexto atual de transformação do campo do mal-estar que a psicossomática como disciplina se consolidou na nossa tradição.

No entanto, isso não é tudo. Além dos sintomas destacados, é preciso evocar alguns outros. Antes de mais nada, a *síndrome de fadiga crônica*, mediante a qual os indivíduos se referem à presença de um cansaço absoluto que se manifesta pela ausência de impulso vital e pela imobilidade corporal. A medicina clínica atribui isso a certas viroses e à falta de algumas vitaminas na dieta. A psiquiatria, em contrapartida, atribui isso a processos de natureza depressiva, supondo uma disfunção na economia bioquímica dos neuro-hormônios. Porém, o estresse estaria sempre lá, como base subjacente dessas leituras, provocando então tais efeitos psicossomáticos.

Em seguida, é preciso evocar o *pânico*, que se transformou hoje numa modalidade destacada de mal-estar. Na síndrome do pânico, as pessoas se queixam de uma angústia iminente de morte que as paralisa, pois são incapazes de reação. Os indivíduos são enredados num ataque de angústia que os im-

---

[5]G. Groddeck, *Le livre du ça*. G. Groddeck, *La maladie, l'art et le symbole*. S. Ferenczi, *Psychanalyse 2*. S. Ferenczi, *Psychanalyse 3*. J. Birman, *Enfermidade e loucura*. Sobre a medicina das inter-relações.

possibilita de agir. A taquicardia se conjuga com a dispneia e o aumento da pressão arterial, seguida também de sudorese excessiva. Neste contexto, o fantasma da morte se impõe como uma certeza iminente. Daí o pânico que toma corpo literalmente no sujeito.

A síndrome do pânico é desencadeada frequentemente em situações sociais nas quais o sujeito supõe que será avaliado. O *olhar* do outro ocupa então toda a cena psíquica do sujeito, como um intruso que o invade e perfura com suas exigências, diante das quais ele se sente impotente e sem os instrumentos capazes de responder àquelas demandas. A espacialização domina inteiramente a experiência subjetiva em pauta, produzindo então um curto-circuito nos processos de temporalização da dita experiência e conduzindo o sujeito ao colapso psíquico e à certeza da morte súbita.

Ainda no fim do século XIX, Freud descreveu a síndrome do pânico sob o nome de neurose de angústia. Esta seria uma modalidade de neurose atual, causada pela disfunção libidinal, na qual o psiquismo não conseguiria inscrever a excitabilidade sexual numa série simbólica capaz de poder interpretar o incremento da excitação.[6] Tudo se passaria aqui numa direção oposta às neuroses de transferência, nas quais tal inscrição ocorreria e o registro da representação fundaria os seus sintomas.[7] Nessa impossibilidade, a excitabilidade se descarregaria imediatamente sobre o corpo e provocaria então a neurose de angústia.

---

[6]S. Freud, "Psychothérapie de l'hystérie". In: S. Freud, J. Breuer, *Études sur l'hystérie.*
[7]Ibidem.

Freud enunciou que esta, como as demais neuroses atuais, não seria passível de ser psicanalisada porque, à diferença das neuroses de transferência, não constituía liames simbólicos capazes de tornar possível a interpretação.[8] O discurso freudiano indicava, enfim, a fragilidade das formações simbólicas em causa, as únicas que poderiam articular o registro da pulsionalidade com o da simbolização.

Portanto, de forma diferente da fobia, na qual o psiquismo se protegeria da disseminação da angústia pela construção de signos de evitamento — quais sejam, os objetos fóbicos —, na neurose de angústia o psiquismo não constituiria tal proteção.[9] Assim, na neurose de angústia não existiria a possibilidade de se constituir um objeto contrafóbico. Depreende-se disso que um *excesso* de excitação se instala então no psiquismo, ao qual este fica submetido.

Em decorrência disso, o trauma se estabelece de maneira inequívoca e inevitável. O trauma seria então a contrapartida do excesso, que paralisa o psiquismo na sua mobilidade. Isso porque o eu não consegue se precaver dos perigos materializados por acontecimentos imprevisíveis, pela sua antecipação sob a forma de angústia-sinal.[10] Portanto, os acontecimentos não pressentidos se impõem com violência, provocando a *angústia do real* e não mais a *angústia do desejo*, isso é, o excesso de excitação que se impõe e a experiência traumáti-

---

[8] Ibidem.
[9] S. Freud, "Qu'il est justifié de séparer de la neurasthénie un certain complexe symptomatique sous le nom de 'névrose d'angoisse'". In: S. Freud, *Névrose, psychose et perversion*. S. Freud, "Obsessions et phobies". In: S. Freud, op. cit.;
[10] S. Freud, *Inhibition, symptôme et angoisse*.

ca consequente.[11] Seria isso, enfim, que estaria em pauta na síndrome do pânico.

Isso nos indica que a pregnância assumida hoje pelo registro do corpo revela a presença de uma falha crucial no mecanismo de angústia-sinal no psiquismo e a fragilidade simbólica na antecipação do perigo. Isso porque seriam tais mecanismos que constituiriam a angústia-sinal e que protegeriam o psiquismo do imprevisível. Ou seja, se os sintomas acima referidos dominam a experiência contemporânea do mal-estar, algo de fundamental se produziu na subjetividade, que a tornou incapaz de antecipar o perigo e regular assim suas relações com o mundo.

Dito de uma outra maneira, parece que tal ruptura indica que os feitiços do mundo ficaram tão insinuantes e ganharam tanta maledicência em decorrência da perda de eficácia dos mecanismos de proteção simbólica culturalmente instituídos. Consequentemente, a figura do xamã perde *autoridade* diante da do feiticeiro, na medida em que suas interpretações perdem prestígio diante do mal.

Quem é essa autoridade que perde prestígio diante do mal na contemporaneidade, afinal de contas? Pode-se entrever aqui que a psicanálise está em crise hoje, perdendo terreno para a magia das drogas psicofarmacológicas, que pretendem agir sobre o mal-estar no próprio corpo, em estado nascente, regulando diretamente os humores deste. O código simbólico construído pela psicanálise não consegue mais fazer obstáculo à disseminação do *mal*, como aconte-

---

[11] Ibidem.

ceu historicamente do fim do século XIX aos anos 1990. Os humores mostram-se assim rebeldes e incontroláveis pelos símbolos e pelo discurso, mantendo-se então barulhentos em face desses. Uma transformação crucial na economia política dos signos produziu-se no Ocidente, incidindo de maneira frontal sobre o discurso psicanalítico que se inscrevia nessa economia política.

Em decorrência disso, os discursos naturista e naturalista se alastram no campo do imaginário social, impondo sua hegemonia numa outra economia dos signos. Nesse contexto, os tratamentos corporais assumem um lugar cada vez mais importante. Das massagens ao *spa*, passando pelos exercícios, ginásticas e danças orientais, tais tratamentos dispararam na preferência dos usuários, sem esquecer, é claro, os suplementos vitamínicos e os sais minerais que têm virtudes antioxidantes e rejuvenescedoras.

O *risco*, como sensação polivalente nas suas figurações, está sempre presente no imaginário contemporâneo. Com isso, o *envelhecimento* se transforma numa enfermidade, e a morte deve ser sempre exorcizada. Nesse contexto, a medicina ortomolecular ganha notoriedade científica, por suas promessas relacionadas com a longevidade. As fórmulas que inventa são personalizadas, baseadas nas idiossincrasias e nas singularidades de cada um. Daí o fascínio e a eficácia imaginária que promovem nos usuários. A reposição hormonal se banaliza, por razões terapêuticas e preventivas, tanto para os homens quanto para as mulheres. É o ideal da *juventude* e do parecer jovem que se impõe como imperativo de saúde, associado ao ideal estético da *beleza*. No entanto, é a *longe-*

vidade que está sempre em causa, no caldeirão da bruxa das novas alquimias propostas pela farmacopeia na atualidade.

As caminhadas diárias visam às mesmas coisas. Evitam-se, assim, o estresse e os efeitos maléficos sobre o sistema cardiovascular. Além disso, as gorduras são queimadas e os perigos mortais do colesterol, exorcizados. Consequentemente, as academias de ginástica se transformam num dos templos seculares mais prestigiados na atualidade, aonde os usuários vão comungar como fiéis em nome da longevidade e da beleza. Em cada quarteirão das grandes cidades se acumulam e se alastram diversas academias de ginástica, que transformaram a cartografia das cidades.

Não se pode separar tais práticas do amplo processo de *medicalização* do Ocidente, iniciado no século XIX. Uma separação dessa ordem implicaria um equívoco interpretativo desse imaginário corporal. O que se empreende na atualidade é já uma frente bastante avançada do processo de medicalização iniciado há duzentos anos.

Assim, iniciado com a polícia médica[12] e a higiene social,[13] na Alemanha, na França e na Inglaterra, a medicalização do espaço social passou a promover o ideário da saúde no lugar anteriormente conferido à *salvação*, no espaço social pós-moderno, permeado que aquele era pelo imperativo da religião.[14] Constituiu-se então a clínica e a medicina social[15], frente e verso que são da mesma folha, isto é, do mesmo

[12] G. Rosen, *Da política médica à medicina social.*

[13] M. Foucault, *Naissance de la clinique.*

[14] Ibidem.

[15] Ibidem.

processo de medicalização do espaço social. As categorias de *normal, anormal* e *patológico* passaram a dominar os discursos médicos e as políticas públicas,[16] que visavam normalizar as populações.

Porque, se a *qualidade de vida da* população passou a ser considerada o signo maior de riqueza das nações,[17] isso implicaria não apenas uma população bem-educada mas, antes de tudo, saudável. A modernização ocidental se fundou nesse projeto de medicalização do social, de forma que os discursos médicos — permeados sempre pelas categorias do normal, do anormal e do patológico — foram os modelos arqueológicos para a constituição dos diferentes discursos das ciências humanas.[18]

A biopolítica se estruturou precisamente nesse contexto histórico,[19] tendo como seu correlato a constituição da bio-história.[20] O que estava em questão era a conjugação rigorosa dos registros do *corpo disciplinar* e do *corpo-espécie*, matérias-primas por excelência do poder *disciplinar*[21] e do *biopoder*,[22] de maneira que o adestramento corporal era a contrapartida para a programação eugênica da população saudável e com boas possibilidades de reprodução biológica e social.[23]

---

[16]Ibidem.
[17]M. Foucault, *La volonté de savoir*. Histoire de la sexualité. Vol. 1.
[18]M. Foucault, *Naissance de la clinique*.
[19]M. Foucault, *Il faut defendre la société*.
[20]M. Foucault, *La volonté de savoir*.
[21]M. Foucault, *Surveiller et punir*.
[22]M. Foucault, *La volonté de savoir*.
[23]Ibidem. M. Foucault, *Il faut defendre la société*.

O imaginário corporal presente na atualidade se inscreve nesse projeto maior do biopoder, sendo o seu desdobramento na contemporaneidade. Assim, a genética médica e as pesquisas sobre o genoma inscrevem-se neste imaginário, fazendo crer que a longevidade e principalmente a *imortalidade* poderiam ser conseguidas mediante as clonagens terapêutica e reprodutiva. Mesmo que a segunda ainda seja repudiada pela comunidade científica internacional e que se aposte cientificamente agora apenas na primeira, isso não quer dizer que não se busque no futuro a imortalidade pela via da clonagem reprodutiva, desde que a tecnologia para isso se torne finalmente possível. Não são razões de ordem ética o que conduz a comunidade científica ao repúdio atual da clonagem reprodutiva, mas apenas simples impasses de ordem estritamente científica.

Ao lado disso, o discurso psiquiátrico se vangloria de poder manejar drogas que poderiam regular o mal-estar corpóreo, estando assim na vanguarda da pesquisa médica. Isso porque os medicamentos oferecidos pela psiquiatria biológica e pela psicofarmacologia seriam capazes de incidir no metabolismo dos neuro-hormônios, não ficando então a regulação do mal-estar restrito à imprecisão das psicoterapias. O discurso deve ser assim colocado de lado, na relação médico-paciente e psiquiatra-paciente, em prol da eficácia bioquímica dos medicamentos psicotrópicos. Portanto, o xamã na atualidade assume decididamente a feição de um mago que manipula a alquimia psicofarmacológica, com a qual pretende se opor e combater as novas modalidades negras de feitiçaria.

Assim, o naturalismo, o orientalismo e as novas formas de terapias exóticas, que estão francamente na moda, convivem muito bem com a medicalização em pauta, não existindo, pois, nenhuma oposição fundamental entre esta e aquelas. Isso porque todos têm no mal-estar do corpo o ponto de apoio para as suas diferentes estratégias de cuidados.

CAPÍTULO 5 Ação e compulsão

I. Hiperatividade, violência, criminalidade

É preciso destacar agora que o mal-estar incide também no registro da ação. Reencontramos aqui alguns dos ingredientes presentes no registro do corpo. Entretanto, suas especificidades devem ser sublinhadas, não obstante suas complementaridades evidentes.

Antes de mais nada, é preciso reconhecer que as individualidades contemporâneas ultrapassam um certo limiar, vigente anteriormente, no registro estrito da ação. Algumas novidades se fazem aqui presentes, caracterizando um certo *estilo de* ser do sujeito na contemporaneidade,[1] em oposição ao momento histórico que o precedeu na longa duração. Se a condição de ser ao mesmo tempo pausada e reflexiva

[1]J. Birman, *Por uma estilística da existência*. J. Birman, *Estilo e modernidade em psicanálise*.

delineava o estilo de ser na modernidade, não obstante as descontinuidades e as rupturas intempestivas que o marcaram e caracterizaram, a aceleração do sujeito é o que se destaca na contemporaneidade. O ser interiorizado no registro do pensamento se transforma no ser exteriorizado e performático, que quer agir, antes de mais nada.

Assim, a *hiperatividade* se impõe. Age-se frequentemente sem que se pense naquilo a que se visa com a ação, de forma que os indivíduos nem sempre sabem dizer o que os leva a agir. O sujeito da ação tem a marca da *indeterminação*. No *cogito* da atualidade, o que se enuncia ostensivamente é: *agir, logo existir*. O agir é o *imperativo categórico* na contemporaneidade.[2]

Retomando o que já enunciei acima, pode-se dizer que as individualidades seriam marcadas pelo *excesso*, que as impele inequivocamente para a ação. Isso porque esta seria a melhor forma para se ver livre daquele e poder então eliminá-lo. Caso não façam isso, as individualidades seriam possuídas pelo excesso, que as inundaria pela angústia.[3]

É desse fundo difuso e indeterminado que se pode depreender algumas das modalidades específicas de ação nas subjetividades contemporâneas. A *explosividade*, antes de tudo. Tudo se passa como se essas não conseguissem mais conter o excesso no seu território interior, para em seguida simbolizá-lo e transformá-lo naquilo que Freud denominou ação específica,[4] isto é, numa ação adequada ao contexto em

---

[2]E. Kant, *Critique de la raison pratique.*

[3]S. Freud, *Inhibition, symptôme et angoisse.*

[4]S. Freud, "Esquisses d'une psychologie scientifique". In: S. Freud, *La naissance de la psychanalyse.*

que uma dada *afetação* foi colocada para o psiquismo. Diante dessa impossibilidade, a descarga de excitabilidade se impõe sob a forma de manifestações emocionais incontroláveis. Com isso, a *irritabilidade* é uma constante na forma de ser das individualidades atuais, marca insofismável do seu ser.

Um dos maiores problemas sociopolíticos da atualidade é a *violência*. Esta se impõe como uma invariante sempre presente nas subjetividades, que se mostram cada vez mais violentas se as compararmos com as de décadas atrás. Com efeito, a violência sem causa aparente e a violência gratuita se banalizaram no nosso mundo de forma inquietante, e já se transformaram em lugar-comum.[5] Mesmo que a violência não seja gratuita e que tenha boas motivações para existir, o que se destaca aqui é a *disparidade* entre o motivo e a violência desencadeada, como se esta fosse a única possibilidade que se impõe no horizonte do sujeito diante de um impasse e de um obstáculo. Tudo se passa como se ele tivesse perdido a crença na possibilidade de resolver e superar os obstáculos que se colocam para si pelo discurso e pela retórica, isto é, pela negociação com os outros.

Uma das consequências da violência é o incremento da *delinquência*. Ao lado disso, a *criminalidade* se intensifica em todos os quadrantes do planeta, sem exceção. Assume, assim, a cada dia novas modalidades de ser e de se apresentar, evidenciando feições frequentemente imprevisíveis. As diversas publicações sociológicas e criminológicas, em escala internacional, dão testemunho disso e procuram interpretar o

[5] J. Baudrillard, *La société de consommation*.

que se passa a partir de diferentes perspectivas. A publicação da obra de Rusche e Kirchheimer, sobre punição e estrutura social,[6] assim como a de Foucault, sobre a genealogia do poder e da punição,[7] procuraram reavaliar tudo isso de uma perspectiva crítica e histórica.

No entanto, uma marca se destaca na criminalidade atual, de forma inconfundível, e interessa diretamente à problemática da subjetividade. Estou me referindo à *crueldade*, que colore cada vez mais os crimes na contemporaneidade. O refinamento assumido pela crueldade deve ser devidamente sublinhado, pois ultrapassa os limiares anteriormente estabelecidos no gesto de matar. Atingimos novos níveis, até então impensáveis. A possibilidade de tirar a vida de outro se dissemina, tornando-se natural assim o assassinato e o genocídio, em que a crueldade delineia frequentemente a cena do crime com pinceladas grotescas e anti-humanas.

II. Compulsões e cultura das drogas

Veremos agora a compulsão em suas diversas modalidades de ser na contemporaneidade. A compulsão é uma modalidade de agir caracterizada pela repetição, já que o alvo da ação nao é jamais alcançado. Daí a sua repetição incansável, sem variações e modulações, que assume o caráter de imperativo, isto é, impõe-se ao psiquismo sem que o eu possa deliberar sobre o impulso que inevitavelmente se impõe.

---

[6] G. Rusche, O. Kirchheimer, *Punição e estrutura social.*
[7] M. Foucault, *Surveiller et punir.*

É necessário destacar algumas das modalidades de compulsão que se banalizaram na contemporaneidade e que estão disseminadas no espaço social. Algumas são mais comuns em adolescentes, em jovens ou em adultos. Outras, em contrapartida, atravessam as diferentes idades e se alastram por toda parte.

Antes de mais nada, a compulsão presente no uso de drogas. As *toxicomanias* constituem hoje uma das formas dominantes do mal-estar, inscrevendo-se em diferentes faixas etárias e classes sociais. Impõem-se como um dos flagelos da atualidade, e se transformaram num dos alvos privilegiados das políticas de saúde pública. Isso porque, como os adolescentes e adultos jovens são os grandes consumidores de drogas, o fenômeno provoca efeitos perigosos na *performance* escolar, além dos efeitos danosos sobre a saúde física e a saúde mental. Trata-se hoje de um fenômeno de massa, em larga escala, disseminado em amplos setores da população.

É preciso, no entanto, não confundir o consumidor de drogas, seja esse consumo regular ou irregular, com os toxicômanos. Encontramos aqui dois segmentos heterogêneos da população que não podem ser superpostos, nem do ponto de vista psicanalítico, nem do psiquiátrico, nem do médico. A toxicomania implica uma dependência física e psíquica à droga, caracterizada pela impossibilidade do sujeito de poder viver sem ela. Seria isso que conduziria o sujeito à compulsão propriamente dita, como traço característico do funcionamento psíquico dos ditos toxicômanos. Nos demais consumidores de droga não existiria, rigorosamente falando, a dependência física. Com isso, a compulsão não se encontra presente.[8]

[8]J. Birman, *Mal-estar na atualidade*. G. Sissa, *Le plaisir et le mal: philosophie de la drogue*.

Estabelecida esta diferença, é preciso não ser ingênuo na leitura dessas compulsões. As toxicomanias não se restringem ao uso das drogas ilegais, produzidas e comercializadas pelo narcotráfico, mas incluem também as drogas legais e ditas medicinais, legitimadas cientificamente pela medicina clínica e pela psiquiatria. Refiro-me aos psicotrópicos, que são receitados fartamente pelos clínicos de diferentes especialidades e pelos psiquiatras a fim de regular bioquimicamente o mal-estar dos indivíduos, além, é claro, dos diversos analgésicos de potência variável. Com efeito, dos ansiolíticos aos antidepressivos, passando pelos diversos estimulantes, a farmacopeia médica oferece um vasto e diversificado cardápio de possibilidades para a prescrição dos clínicos e psiquiatras. Por que estas últimas são também drogas?, poderia alguém me interpelar. Alguns desses medicamentos são drogas porque podem engendrar dependência física e psíquica.

Além disso, deve-se reconhecer que vivemos numa *cultura das drogas*, da qual não se pode excluir também o fumo e as bebidas alcoólicas. Enfim, vivemos intoxicados mesmo que não saibamos disso, pois esses diferentes fármacos e estimulantes se inscrevem no estilo contemporâneo de existência.

Alguns comentários suplementares devem ser feitos aqui. Antes de mais nada, a *substituição* de uma droga pela outra, realizada pelos usuários. Assim, as bebidas alcoólicas substituem as drogas medicamentosas, às vezes, e reciprocamente, como se o sujeito acreditasse que desta maneira estaria se protegendo mais de uma ou de outra em seus efeitos nefastos. Ou então troca-se uma droga ilegal pelos medicamentos, acreditando estar promovendo a saúde. Com a onda antitabagista, na qual o cigarro foi considerado maléfico à saúde e seria politicamente incorreto, as pessoas pararam de fumar e passaram a se drogar com outras coisas, como as drogas pesadas e o álcool. De fato, se os adolescentes hoje fumam menos do que as gerações anteriores, em contrapartida eles bebem e se drogam muito mais com o álcool e as drogas pesadas. Enfim, é sempre a cultura das drogas que se dissemina, mesmo que os usuários alimentem a hipocrisia de estarem promovendo a saúde como o seu bem supremo.

É preciso sublinhar também que os médicos clínicos são aqueles que prescrevem mais psicotrópicos hoje, muito mais do que os psiquiatras. Isso porque não apenas as pessoas procuram muito os clínicos quando são acometidas por algum mal-estar, no registro corporal, de forma que estes recebem grande parte das demandas de cuidados, como também porque, com a prática médica assumindo cada vez mais uma versão técnica, o clínico não acolhe mais psiquicamente os pacientes, mas tenta suavizar o desamparo destes. Assim, diante do esvaziamento da relação médico-paciente, os clínicos medicam os pacientes com os mais diversos psicotrópicos e antidepressivos. As dores e os sofrimentos dos pacientes são assim medicalizados ostensivamente. Não obstante a medicalização, os clínicos não dominam corretamente o uso daqueles medicamentos, de forma que os pacientes são medicalizados no seu sofrimento e dor, por um lado, e mal medicados, pelo outro.

Alguns autores destacam que mesmo na psiquiatria clínica a experiência se repete. Isso porque não existiria ainda uma psicofarmacologia clínica, isto é, uma utilização ponderada e cientificamente bem fundada no uso dos psicofármacos, mas apenas a utilização destes a partir de conhecimentos genéricos da psicofarmacologia experimental que os psiquiatras clínicos possuem.[9] Enfim, a *psiquiatrização* do sofrimento pelos psicofármacos alimenta a cultura das drogas sem que a eficácia daqueles seja devidamente conhecida pelos psiquiatras, no registro estritamente clínico.

Não se pode deixar de destacar que a constituição de uma cultura das drogas nas últimas décadas no Ocidente, no que se refere às drogas pesadas, trouxe como consequência uma sofisticada indústria de produção e de refino das suas matérias-primas, que as coloca posteriormente em circulação no mercado internacional. Portanto, o narcotráfico, nesta larga escala, supõe tal infraestrutura industrial que apenas se tornou possível pela utilização dos saberes e dos dispositivos laboratoriais proporcionados pelo discurso da ciência. Vale dizer, a produção de drogas pesadas supõe a existência e a produção de dispositivos técnicos construídos pelos laboratórios de pesquisa para que possam ser transpostos para lugares inóspitos, como a floresta amazônica, os Andes e algumas regiões longínquas da Ásia. Portanto, sem estas aparelhagens científicas seria quase impossível produzir a droga na escala industrial em que é hoje produzida, de forma que o cartel de drogas e o narcotráfico supõem necessariamente os instrumentos e dispositivos forjados pelas novas tecnologias médico-biológicas.[10]

Além disso, é importante destacar ainda que a cultura das drogas propriamente dita se constituiu apenas, na tradição

---

[9]G. Swain, "Chimie, cerveau, esprit et société. Paradoxes epistémologiques des psychotropes en médicine mentale". In: *Le Débat*, nº 47.

[10]J. Birman, "Que droga!!!". In: J. Birman, *Mal-estar na atualidade*.

do Ocidente, nos anos 1970. Foi nesse tempo e contexto que ocorreu uma ruptura significativa e uma descontinuidade histórica. Por que afirmo isso? Entre as décadas de 1930 e 1960, o uso da droga estava intimamente articulado a uma *gramática* específica e a uma *ritualidade* bem caracterizada. Com efeito, o sujeito buscava na experiência com a droga a possibilidade de descobrir e de inventar outros mundos possíveis. A busca da invenção, guiada pelo desejo e pelo projeto de provocar rupturas no mundo social instituído, estava sempre em pauta. Um trabalho de interiorização e de reflexão sobre estas experiências era o seu correlato, não existindo, pois, um sem o outro. Enfim, a proposição de romper com o mundo existente para novos mundos possíveis fazia parte deste projeto existencial.[11] Daí por que se inscrevia fartamente tal uso na comunidade artística, aliás, desde a primeira metade do século XIX.

Foi isso que mudou a partir dos anos 1970, quando o uso da droga passou a ser cultivado por si mesmo, sem se inscrever em qualquer projeto existencial que lhe transcendesse. Buscava-se, assim, o prazer pelo próprio prazer, num festim hedonista que valia por si mesmo. Com efeito, a experiência com a droga se transformou numa *evasão* do sujeito, para fugir, então, de um mundo intolerável e não para construir novos mundos possíveis a partir da experiência com as drogas. Portanto, a sensorialidade hedonista, buscada por si mesma, seria uma maneira de o sujeito fugir de uma realidade que seria insuportável e que ao mesmo tempo ele se sentia impo-

[11] J. Birman, "Dionísio desencantado". In: J. Birman, op. cit. A. Huxley, *As portas da percepção, o céu e o inferno*.

tente para transformar. Enfim, a experiência com a droga se fazia agora fora de um projeto existencial de transformação do mundo, sem qualquer gramática e ritualização simbólica, pela qual o sujeito se evade do mundo instituído pela impotência e impossibilidade de fazer algo que o modifique efetivamente.

A cultura da droga seria assim uma resposta ao mal-estar na atualidade, pela qual o sujeito, despossuído da possibilidade de acreditar que possa fazer algo, busca pelo hedonismo e pela sensorialidade prazerosa produzir algum gozo diante de tanta dor. Foi isso que constituiu uma cultura da droga propriamente dita na contemporaneidade. Foi nesse contexto histórico que a compulsão pelas drogas se disseminou como modalidade de ação, não se restringindo mais ao campo do consumo das drogas.

III. Festins comestíveis e outras orgias

Se o consumo de drogas não é o único registro da compulsão no mundo contemporâneo, é preciso enunciar agora os outros campos nos quais essa também se realiza. A comida e o consumo se transformaram também em objetos e alvos privilegiados da compulsividade do sujeito.

Assim, a comida se destaca nas compulsões atuais, impondo-se ao mesmo tempo como fascinante e mortífera, já que é atraente e repelida num mesmo movimento pelas pessoas. A relação do sujeito com a comida é ambígua e ambivalente, pois esta é objeto de desejo e de repulsa, de maneira que a *voracidade* e o *vomitar* se declinam quase que num mesmo gesto. Os efeitos e destinos dessa polaridade são opostos, certamente, mas a comida como *fetiche*[12] está sempre presente nessa experiência compulsiva. Entre a magia e o gozo, portanto, a comida é um objeto certeiro de sedução, mas pela qual a magia pode se transformar num feitiço e num canibalismo mortífero, que deve ser prontamente repelido.

Por que objeto de sedução? Nunca se comeu tanto e tão bem como hoje no Ocidente, tal a oferta, a quantidade e a variedade de bens comestíveis. Tudo isso contrasta com uma longa história anterior, marcada pela carência e pela carestia, como ainda hoje ocorre em amplas regiões do planeta. O trágico cenário africano contrasta com a pujança e o brilho comestível existente na Europa e nos Estados Unidos. Porém, nestes também as regiões de consumo alimentar de luxo contrastam com a penúria de outras regiões, de maneira que o cenário de luxúria comestível convive lado a lado com o que existe de padrão africano numa mesma cidade.

Nesse contexto, a voracidade atinge níveis espetaculares, engendrando uma cultura desenfreada do preenchimento e do mau gosto. Os festins comestíveis se transformaram numa das marcas da contemporaneidade, não obstante a presença do estilo culinário *fast food*, que é disseminado em segmentos das classes médias e das classes populares. É nesse quadro de referência que se inscrevem as compulsões alimentares.

As bulimias são um dos monumentos sintomáticos disso. Come-se de maneira excessiva e mesmo obscena, predominando aqui a dimensão do preenchimento corporal, advindo deste o prazer alimentar. O gosto polivalente, sempre presente na comida e na boa culinária, se apaga, destacando-se apenas

[12]S. Freud, "Le fetichisme". In: S. Freud, *La vie sexuelle*.

a devoração para preencher o *vazio* dos interstícios do corpo. O vazio corporal seria assim a condição de possibilidade para a canibalização dos bens comestíveis, numa orgia que busca preencher todos os espaços e fendas corporais.

É claro que o preenchimento do vazio se realiza também com outras compulsões, como com as drogas e o consumo. Porém, no que concerne às bulimias, a obesidade se transformou hoje num problema maior de saúde pública nos países desenvolvidos. A União Europeia e os Estados Unidos se preocupam com isso, e nos últimos anos formularam novas políticas de saúde coletiva, de propaganda e de entretenimento a fim de superar a catástrofe que já se faz presente em seus espaços sociais. Se a catástrofe já se instalou, neste registro de nosso estilo de existência, isso revela que a impossibilidade da experiência do vazio se colocou de maneira trágica, pois, como se sabe, a obesidade é uma encruzilhada perigosa para a emergência de diversas enfermidades, muitas delas fatais.

No entanto, como a magreza é um dos nossos códigos de beleza, já que quem é gordo não tem qualquer sensualidade e na sua feiura não tem qualquer poder de sedução, a voracidade tem que ser controlada, custe o que custar. Foi nesse contexto que o gordo foi transformado não apenas num doente, mas também num monstro. A obesidade é um dos signos da monstruosidade na atualidade, condensando em si as representações da deformidade, da feiura e do antierotismo.

Assim, para evitar o estigma da obesidade é preciso evitar a comida. Surgem, então, modalidades grotescas de relação com esta. Existem pessoas que se sentem seduzidas pelos festins comestíveis e que comem vorazmente a boa comida, mas que a vomitam imediatamente, antes de digerir, para que possam manter a bela magreza. Cultiva-se, assim, uma forma de sensorialidade sem corporeidade, pela qual as sensações se desenraízam radicalmente do registro do corpo, constituindo uma das originalidades antropológicas da contemporaneidade. Isso porque na tradição ocidental os registros da sensação e do corpo se declinaram sempre num mesmo plano e eixo, inseparáveis que eram no mesmo comprimento de onda.

O paroxismo disso é a anorexia, na qual o indivíduo recusa o alimento, que se transforma então de objeto fascinante em nojento, por ser capaz de destruir a beleza e envenenar o corpo. Assim, a magia comestível se transforma em um feitiço e a comida em veneno, contra as ordens da vida e da saúde. No entanto, tudo isso convive com os regimes e as dietas, nos quais as individualidades ingerem apenas os nutrientes essenciais para não digerir calorias excessivas, que perturbem a saúde e a beleza. A ingestão alimentar passa pelo crivo estrito das racionalidades médica e científica, de maneira que no limite nos alimentamos de fórmulas bioquímicas que aprendemos na Internet, nas páginas científicas dos jornais e nas notícias divulgadas pela televisão, sem esquecer, é claro, as prescrições dos médicos e dos nutricionistas.[13]

Não se pode esquecer do consumo, que também se transformou numa verdadeira compulsão. Com efeito, os mais diversos objetos da indumentária, passando pelo perfume e pela maquiagem, são objetos de compulsões propriamente ditas. Ao lado disso, os livros e os CDs são consumidos compulsivamente, comprados pela notoriedade dos autores, compositores

[13]T. Vincent, (Direction). *La jeune fille et la mort.* E. Kestemberg, J. Kestemberg, S. Decobert, *La faim et le corps.* G. Pirlot, *Les passions du corps — la Psyche dans les addictions et les maladies auto-immunes: possessions et conflits d'alterité.*

e músicos.[14] Tudo isso é amealhado, mesmo que as pessoas não tenham tempo para lê-los e escutá-los. As pessoas olham com gula e saliva nos lábios para as ricas vitrines das lojas, sempre prontas que estão, para o ato canibalístico de consumir.

No entanto, se não é sempre possível usar todas as vestimentas que são adquiridas, nem tampouco ler e escutar todos os livros e CDs comprados, pela falta de tempo numa cultura marcadamente acelerada, possuir tudo isso é fundamental, inscrevendo-se isso também na nova economia política dos signos. Nesta, com efeito, a posse de bens é um signo de poder, na medida em que define o *status* do indivíduo. É preciso, portanto, possuir os bens para ostentá-los, para ser reconhecido, enfim, em seu poder social.

Assim, qualquer mercadoria é passível de inscrever-se no circuito do consumo, sendo, pois, a condição de possibilidade para o engendramento da compulsão. O gozo seria então direcionado pelo fetichismo das mercadorias, numa fetichização ampla, geral e irrestrita do universo do consumo. Isso porque o *ter*, para preencher o vazio corporal e psíquico, é um signo que confere segurança para o indivíduo, pois o faz acreditar ser detentor de algum poder pelo *status* que pode exibir.

É neste contexto que o *shopping center* se transformou num outro templo da sociedade pós-moderna, onde as peregrinações dos consumidores fiéis ocorrem todos os dias. Nesse espaço antissagrado, saturado de mercadorias, nos quais os objetos são sofisticadamente revestidos pelos *designers*, requintadamente empacotados e exibidos em vitrines luxuosas, a compulsão do ter se evidencia, revelando assim a face mortífera da sedução.

---

[14] J. Baudrillard, *La société de consommation*.

CAPÍTULO 6 O tempo vai para o espaço

Vou fazer agora uma pequena parada na leitura dos registros onde o mal-estar na atualidade se materializa, antes de retomar o percurso com a descrição do registro das intensidades. Isso porque pretendo colocar em evidência que a dominância da categoria do espaço sobre a do tempo está no fundamento das diferentes modalidades de expressão do mal-estar. É essa mesma dominância que estará igualmente em pauta na leitura do registro das intensidades. O que significa dizer que a relação entre estas duas dimensões constituintes da experiência do sujeito, com a predominância agora do espaço sobre o tempo, é a encruzilhada fundamental por onde se realiza e se operacionaliza a constituição das formas de subjetivação hoje.

I. Passagem ao ato e *acting-out*

Pode-se afirmar, sem qualquer dúvida e vacilação, que em tudo o que foi delineado até agora é sempre o excesso que se encontra subjacente. Ao promover a hiperatividade, ele é a condição de possibilidade da agressividade, da violência, da criminalidade e da compulsão. Porque o excesso está no fundamento do mal-estar contemporâneo.

Em face do excesso que invade e se alastra sem limites, o psíquico procura dele se livrar pela ação para não correr o risco de ficar paralisado pela disseminação da angústia do real. Porque se o excesso não for descartado e descarregado pela ação, o psiquismo procura se desembaraçar daquele pelas vias corporais. Com efeito, o estresse, o pânico e as perturbações psicossomáticas seriam disso as resultantes no registro do corpo, porque o excesso não se esvai pela ação. Seria, então, o excesso no psiquismo que conduziria a essas duas séries e eixos sintomáticos, isto é, as que incidem nos registros do corpo e da ação, na medida em que aquele ficaria retido no corpo quando não pudesse ser eliminado como ação.

Por que tal *hierarquia* entre os registros do corpo e da ação? Esta indagação é fundamental, pois para uma leitura ingênua deste processo não deveria existir qualquer hierarquia entre os caminhos para o escoamento das excitações, que se faria de maneira indiferente e indiscriminada. Porém, se de um ponto de vista biológico esta formulação poderia se sustentar teoricamente, com certa facilidade, o mesmo não poderia ser dito do ponto de vista psíquico. O que estaria em causa, afinal de contas, na dominância da ação sobre a descarga corporal?

Pode-se afirmar que o que estaria aqui em questão seria a economia psíquica do *narcisismo.*[1] Assim, como ele é uma instância crucial para a integridade do eu e para a manutenção da ordem vital, a sua preservação é fundamental para o psiquismo. Com efeito, para a preservação do narcisismo o eu prefere *explodir* do que *implodir*, mantendo então a autoconservação do organismo e a homeostasia do prazer. Porém, diante da impossibilidade da explosão, a implosão se impõe necessariamente, colocando em questão a ordem da vida. Isso porque os interstícios e as fendas do somático seriam as únicas *linhas de fuga* disponíveis para a materialização da implosão.

Para que se compreenda melhor ainda as modalidades de ação que estão presentes nas formações sintomáticas do mal-estar hoje, pode-se enunciar, valendo-se da metapsicologia psicanalítica, que o psiquismo lança mão cada vez mais da *passagem ao ato,* e não do *acting-out.* Esta distinção teórica nos leva ao centro da problemática aqui em questão, diferenciando devidamente as diversas modalidades de ação.

Assim, essa diferença conceitual se refere à fragilidade e à ausência de processos de simbolização na passagem ao ato, enquanto estas estariam presentes no *acting-out* (*atuação).* Vale dizer, neste, a simbolização se inscreve *na* ação e *como* ação, que se manifesta então como uma *mise-en-scène.* Pode-se afirmar, portanto, que na *mise-en-acte* existiria

[1]S. Freud, "Pour introduire le narcissisme". In: S. Freud, *La vie sexuelle.*

ainda uma encenação no psiquismo.[2] O inconsciente se realizaria, assim, *como* ato e *em* ato, como ocorre no lapso e no ato falho,[3] como nos descreveu Freud em *Sobre a psicopatologia da vida cotidiana.* No que concerne a isso, Lacan enunciou que existiria ainda o sujeito na atuação, colocando este na *Outra* cena, numa dupla posição, como encenador e como personagem.[4] Em contrapartida, na passagem ao ato, a ação é rude e brutal, não revelando mais qualquer rastro de simbolização.[5] No que se refere a isso, Lacan formulou o apagamento e o silenciamento do sujeito na passagem ao ato.[6]

No registro eminentemente clínico, as diferenças são patentes. Na conversão presente na histeria existe a presença de formas de simbolização no psiquismo, que delineiam as linhas de fuga da encenação na corporeidade. Em contrapartida, no estresse, no pânico e nas perturbações psicossomáticas nos defrontamos com a ausência destas, de forma que o excesso implode no psiquismo e no organismo.[7] Enfim, é o silêncio simbólico que se manifesta, sob o fundo do ruído, pela perturbação produzida no registro do somático.

---

[2]J. Laplanche, J. B. Pontalis, *Vocabulaire de la Psychanalyse.* J. Rouart, *Agir et processus psychanalytique.* J. Birman, "Arqueologia da passagem ao ato". In: A. Bastos, *Psicanalisar hoje.*

[3]S. Freud, *Psychopathologie de la vie quotidienne.*

[4]J. Lacan, *L'angoisse.* Le Séminaire, Livro X.

[5]J. Rouart, *Agir et processus psychanalytique,* J. Birman, "Arqueologia da passagem ao ato". In: A. Bastos, *Psicanalisar hoje.*

[6]J. Lacan, *L'angoisse.* Le Séminaire, Livro X.

[7]J. Birman, *Enfermidade e loucura.*

II. Encenação e somatização

No entanto, a *analogia* existente entre o excesso que incide sobre o corpo e a ação indica como ambos são equivalentes em suas respectivas dinâmicas. Esta *equivalência* evidencia mais ainda o que está aqui em questão no processo de engendramento do mal-estar.

Pode-se afirmar, assim, que se age igualmente sobre o corpo e sobre o mundo, na medida em que esses são considerados apenas na sua dimensão espacial, como lugar para a descarga das intensidades. De fato, seria o corpo, na sua dimensão estritamente *somática*, que seria afetado aqui pela descarga nos registros do *volume* e da *profundidade*, e não no de sua *superfície*. Isso porque enquanto volume e profundidade é que a corporeidade se torna *indiscriminada* nas suas possibilidades de significação, já que seria apenas na superfície do corpo que as encenações se inscrevem numa *gramática* e numa *sintaxe* simbólicas. O discurso freudiano procurou delinear isso, no início do seu percurso, estabelecendo a diferença entre as paralisias orgânica e histérica, isto é, entre as paralisias produzidas por causas orgânicas e as que tinham uma causalidade psíquica.[8]

Seria justamente por isso que a *conversão* histérica se realiza na superfície do corpo, nas bordas existentes entre os registros do somático e do outro, nas quais as trocas do sujeito com o mundo se estabeleceriam, apoiadas[9] na pele,

---

[8]S. Freud, "Quelques considerations pour une étude comparative des paralysies motrises organiques et hystériques". In: S. Freud, *Résultats, idées, problèmes.*
[9]S. Freud, *Trois essais sur la théorie de la sexualité.*

nos órgãos sensoriais e nas mucosas. Estas seriam as *dobras* entre os registros do somático e do psíquico, que funcionariam como *bordas* para que as pulsões pudessem constituir as zonas erógenas e o autoerotismo.[10] Seria pelo autoerotismo, sustentado pelo investimento do outro, que o registro do somático seria transformado em corpo propriamente dito.[11] Em contrapartida, a *somatização* psicossomática toma decididamente a direção delineada pelas linhas de fuga da massa do somático, na qual não existe mais qualquer diálogo do psiquismo com o mundo.[12]

Pode-se delinear assim as relações existentes entre as categorias de *forma* e de *visível,* assim como do seu oposto, qual seja, as relações íntimas que existem entre o *informe* e a *invisibilidade.* Se a encenação empreendida pela conversão histérica se faz sempre em imagens, pela quais se dramatizam a relação do sujeito com o outro, isso evidencia como a formalidade presente nas imagens se inscreve no registro do visível. Em contrapartida, a descarga da somatização psicossomática se realiza no registro do invisível, na profundidade e no volume da massa somática informe.

Da mesma forma, o corpo espacializado no registro do somático implica um mundo que se delineia e se restringe também às coordenadas estritamente espaciais. O mundo se reduz ao espaço do aqui e do agora, sem expansão, sem escansão e sem qualquer horizonte possíveis, pois é a

---

[10]Ibidem.

[11]J. Birman, "Le corp et l'affect en psychanalyse". In: *Che Vuoi? Revue de Psychanalyse*, p. 13-26.

[12]Ibidem. J. Birman, *Enfermidade e loucura.*

pontualidade da sua presença que aqui se impõe. Porque é o registro do tempo que abre as janelas do mundo para outras possibilidades de existência, fazendo entrever outras temporalidades existenciais, além do que eclode pontualmente nos momentos descontínuos dos diversos instantes. Para transformar o instante numa continuidade modulada, é necessária a incidência dos processos de temporalização na experiência psíquica. Para isso, o instante tem que ser inscrito numa sequência — marcada pela diferença do agora, do antes e do depois — e ser realizado por uma operação de *translação*.

III. Translação

Essas diferenças foram delineadas pelo discurso freudiano no início do seu percurso, ao lado de outros critérios distintivos. Foi este o caso da diferença que procurou estabelecer entre as neuroses atuais e as neuroses de transferência, duas modalidades de existência do mal-estar, como disse no capítulo inicial deste livro.

Assim, as neuroses atuais implicariam pura descarga da excitação para o registro do somático, em decorrência da impossibilidade do processo de simbolização. Seria o que ocorreria na neurose de angústia e na neurastenia. Se no caso da primeira a descarga seria provocada pelo excesso de excitação que deságua no registro do somático, a segunda seria provocada pelo esgotamento da excitabilidade, que esvaziaria a vitalidade do organismo.[13] O efeito da espacialização seria aqui imediato, pois a excitação que conduziria à descarga assume a condição de *estase* da excitabilidade. Essa perderia então a possibilidade de mobilidade e se estancaria. Enfim, é o *movimento* que não poderia efetivamente acontecer, reduzido que é à condição de ser um simples ponto, no qual se condensa o espaço.

Essa ausência de movimento indica que o tempo é que seria a condição de possibilidade para a produção do movimento. Além disso, o tempo pressuporia ainda a simbolização para lhe conferir suporte e possibilidade de existir. Seriam, pois, o tempo e a simbolização que ofereceriam *mobilidade* para a excitabilidade, na falta dos quais é o espaço que se faz presente na estase e na descarga. Com isso, o corpo ficaria reduzido ao registro do somático, pelas linhas de fuga do volume e da profundidade. Em contrapartida, nas neuroses de transferência, o tempo e a simbolização estariam presentes, de maneira que a temporalidade se ordenaria pela relação entre o presente, o passado e o futuro na experiência do sujeito.[14] Seria isso, enfim, que possibilitaria a transferência propriamente dita.[15]

Foi em decorrência disso que o discurso freudiano estabeleceu uma relação íntima entre as neuroses atuais e as de transferência. O enunciado desta relação fundamenta o argumento acima formulado e possibilita a sua demonstração. Assim, a neurose de angústia seria a neurose atual da histe-

---

[13]S. Freud, "Psychothérapie de l'hystérie" (1895). In: S. Freud, J. Breuer, *Études sur l'hystérie*.
[14]Ibidem.
[15]Ibidem.

ria, enquanto a neurastenia seria a da neurose obsessiva.[16] Vale dizer, qualquer neurose de transferência seria iniciada por uma modificação na economia das pulsões, que seria materializada pelas neuroses atuais. Esta transformação, contudo, dependeria da presença de mecanismos de simbolização, que, numa translação decisiva, deslocaria o registro da neurose atual para o da neurose de transferência. Enfim, esta simbolização pressuporia a categoria de tempo, é claro, pois o tempo é o correlato da simbolização.

Posteriormente, quando o discurso freudiano enunciou a existência de uma terceira neurose atual, denominada hipocondria, continuou a insistir na existência do liame entre as neuroses atuais e as neuroses de transferência.[17] A hipocondria seria assim a neurose atual da psicose,[18] tal como Freud descreveu especificamente as transformações corporais que ocorrem na experiência psicótica e que seriam prévias à organização do delírio, na sua leitura de Schreber.[19]

IV. Ação coartada

Por todos esses caminhos fica claro como o mal-estar na atualidade, centrado nos registros do corpo e da ação, indica uma *ruptura* entre os registros do espaço e do tempo, nos quais o

[16]Ibidem.
[17]S. Freud, "Pour introduire le narcissisme". In: S. Freud, *La vie sexuelle*.
[18]Ibidem.
[19]S. Freud, "Remarques psychanalytiques sur l'autobiographie d'um cas de paranoia (Dementia Paranoides) (Le President Schreber)". In: S. Freud, *Cinq psychanalyses*.

espaço passa a dominar todo o território do psiquismo. Com isso, o corpo assume a forma do somático, materializando-se como volume e profundidade, perdendo qualquer dimensão significante. A imobilidade, a informidade e a invisibilidade são suas formas de ser, justamente pela ausência dos mecanismos de simbolização e da incidência da temporalidade. Seriam essas, em contrapartida, que possibilitariam a constituição da mobilidade, da forma e da visibilidade na experiência psíquica, inscrevendo a conflitualidade psíquica na superfície corporal sob a forma de encenações e enunciando, então, o embate pulsional sob a forma de retóricas, que se inscrevem no corpo propriamente dito.

Fica evidente, assim, a existência de um impasse na dinâmica psíquica, que se refere à fragilização do registro do tempo, no mal-estar hoje, que se materializa concretamente nos registros do corpo e da ação. Não existiria aqui nem simbolização, nem tampouco antecipação das afetações.[20] O que se evidencia é a marca eminentemente traumática[21] pela qual se delineia o mal-estar na contemporaneidade. É o *trauma* que está então sempre em questão, num mundo marcado pela imprevisibilidade e pela instabilidade dos códigos simbólicos estabelecidos.

O mal-estar se apresenta hoje, tanto no corpo quanto na ação, pela pregnância assumida pela categoria do espaço no psiquismo a expensas da categoria do tempo. É nesse sentido, portanto, que podemos dizer, de maneira ao mesmo tempo

[20]S. Freud, *Inhibition, symptôme et angoisse.*
[21]Ibidem.

rigorosa e literal, que o tempo vai para o espaço na nova cartografia do *mal*.

Além disso, o que se evidencia aqui é que a ação *coartada* está sempre em questão no mal-estar atual, mesmo quando o corpo é o alvo e o objeto da descarga do excesso das intensidades. Portanto, a ação coartada indica a impossibilidade do movimento, assim como a da visibilidade e da formalidade. No entanto, a ação coartada é uma ação *fracassada*, que não atinge seu alvo nem sua finalidade, que seria a de produzir uma mudança no mundo, que deveria envolver o sujeito da ação. Não é isso que se evidencia de forma eloquente com a compulsão, que precisa ser permanentemente lançada e repetida em sua mesmidade, pois seria uma ação frustrada e fracassada, em suma, coartada na sua finalidade de transformar o mundo?

V. Primórdios da transformação

Contudo, a transformação radical nas modalidades de mal-estar já estava ocorrendo nos anos 1930. Pode-se comprovar isso não apenas pelo novo estatuto do traumático, que já foi aqui destacado na metapsicologia freudiana, mas também pelo trabalho teórico de outros autores, que pertencem à tradição psicopatológica, psicológica e psicanalítica francesa.

Assim, em sua brilhante descrição e na interpretação fenomenológica que realizou da esquizofrenia, Minkowski já colocava em destaque a presença da *geometrização* da experiência psíquica na produção dos sintomas esquizofrênicos.[22] Enunciar o conceito de geometrização, para dar conta das múltiplas produções sintomáticas da esquizofrenia, implica colocar em evidência a dominação absoluta da categoria do espaço sobre a do tempo na experiência-limite da psicose.

Com efeito, lançando mão dos conceitos fundamentais da filosofia de Bergson, na qual as categorias do espaço e do tempo são cruciais — onde o sujeito e a ordem vital estariam no registro do tempo, inscritos no registro do *élan vital*, enquanto o espaço seria constitutivo da ordem mecânica da natureza inorgânica[23] —, Minkowski mostra como o processo esquizofrênico afetaria as dimensões mais nobres da ordem vital, pela qual a temporalidade se perderia de maneira absoluta na experiência psíquica e a espacialização mecânica assumiria o domínio total no psiquismo. O *élan vital* estaria então afetado e subvertido, atingindo a mobilidade do sujeito, que ficaria reduzido à geometrização das formas presentes na natureza bruta.[24]

Lacan, em contrapartida, enunciou em 1936 o conceito do *estádio do espelho*, durante a apresentação de um trabalho, que não foi publicado, no Congresso Internacional de Psicanálise realizado em Marienbad. Em 1938, começou a escrever regularmente sobre isso, como no ensaio sobre

[22]E. Minkowski, *La schizophrénie. Psychopathologie des schizoïdes et des schizophrènes.*
[23]H. Bergson, "Matière et Mémoire. Essais sur la relation du corps à l'esprit". In: H. Bergson, *Oeuvres*. H. Bergson, "L'evolution créatrice". In: H. bergson, op. cit.
[24]E. Minkowski, *La schizophrénie.* Psychopathologie des schizoïdes et des schizophrènes.

os complexos familiares,[25] vindo a realizar plenamente a sistematização do conceito nos ensaios sobre a causalidade psíquica (1946),[26] a agressividade em psicanálise (1948)[27] e o estádio do espelho propriamente dito (1949).[28] Com isso, pretendia colocar em evidência como a espacialidade dominaria a experiência psíquica nos seus primórdios e que a ordem do tempo seria posterior. Baseou-se, para tanto, num ensaio inicial de H. Wallon e num livro posterior, que descreveu o estádio do espelho no desenvolvimento infantil.[29] Porém, Lacan deu ao conceito uma extensão que estava ausente na psicologia de Wallon.

O que Lacan pretendeu dizer com isso? Seu ponto de partida foi a constatação da prematuridade biológica do organismo humano, tal como esse viria ao mundo, como já apontava a biologia de então. Isso seria devido à desmielinização das fibras nervosas, que provocaria, em contrapartida, uma impossibilidade de coordenação do sistema nervoso. Sem essa coordenação nos primórdios da vida, o infante estaria entregue a uma experiência quase absoluta de *deiscência* corporal e psíquica. Com isso, o medo da morte e da dissolução corporal estariam permanentemente presentes na experiência do infante.

---

[25] J. Lacan, "Les complexes familiaux dans la formation de l'individu". In: *Encyclopédie française sur la vie mentale.*

[26] J. Lacan, "Propos sur la causalité psychique". In: J. Lacan, *Écrits.*

[27] J. Lacan, "L'agressivité en psychanalyse". In: J. Lacan, op. cit.

[28] J. Lacan, "Le stade du miroir comme formateur de la function du je". In: J. Lacan, op. cit.

[29] H. Wallon, "Comment se développe chez l'enfant la notion de corps propre". In: *Journal de Psychologie*, p. 705-748. H. Wallon, *Les origines du caractère chez l'enfant.*

No entanto, entre os oito e os dezoito meses, o estádio do espelho se constituiria, sem que o infante tivesse ainda qualquer mielinização das fibras nervosas. Um descompasso entre os registros nervoso e psíquico se produziria assim, provocando uma autonomia do segundo em relação ao primeiro, de forma que a *imagem corporal*, que seria então constituída, não teria nada a ver com o *esquema corporal*, constituído apenas aos dois anos de vida do infante, com a maturação mielínica do sistema nervoso.[30] Porém, tal autonomia do psiquismo se faria pela presença da *imago* do *corpo próprio*, que seria constituído pela experiência especular.[31]

Pela mediação dessa imago, o infante adquiriria uma *forma* corporal e uma *imagem de si*, constituindo uma verdadeira armadura corpórea, que lhe provocaria uma experiência originária de *alienação*.[32] Isso porque, na formação do estádio do espelho, o infante vê uma imagem projetada no espelho, mas seria o *olhar materno* que confirmaria que essa imagem seria uma projeção do infante. Vale dizer, o *reconhecimento* da existência do infante seria realizado pela figura da mãe, o que provocaria a tal alienação de si do infante a que já me referi. Porém, essa experiência seria estruturante para o infante, que se ordenaria como *forma* contra o *fundo* da deiscência corporal, constituindo então o eu e a imagem corporal como o seu correlato.[33] Por isso mesmo, Lacan

[30] J. Lacan, "Le stade du miroir comme formateur de la function du je". In: J. Lacan, *Écrits*.
[31] Ibidem.
[32] Ibidem.
[33] Ibidem.

enunciou enfaticamente que essa experiência seria jubilatória. Seriam constituídos, assim, a identificação e o narcisismo primários, no sentido freudiano desses conceitos.[34]

Essa construção seria, contudo, muito frágil, ameaçando permanentemente o infante com a *fragmentação* corporal e psíquica, que se anuncia com o fantasma de um retorno possível à experiência originária de deiscência corpórea. Formar-se-iam assim os diferentes fantasmas do *corpo fragmentado,* que povoariam posteriormente o imaginário humano na experiência da angústia.[35] Fica evidente com isso como o psiquismo seria originalmente espacializado, sendo uma unidade tecida em torno de uma imago que pode se fragmentar, contudo, a qualquer momento, desde que o infante não seja reconhecido pelo outro, repetindo o gesto materno inaugural que constituiu a sua imagem especular.

Lacan evoca, assim, as experiências infantis de *transitivismo* formuladas por Bühler. Com efeito, se duas crianças com pequena diferença de idade são colocadas juntas, uma se confunde com a outra, e o terror que cada uma delas sente de perder a imagem especular faz com que uma ataque a outra com violência, para não perder essa identificação.[36] A violência e a agressividade humanas seriam então produzidas, nesse contexto, pela imagem especular, que estabelece uma

---

[34]S. Freud, "Pour introduire le narcissisme". In: S. Freud, *La vie sexuelle.*
[35]J. Lacan, "Le stade du miroir comme formateur de la function du je". In: J Lacan, *Écrits.*
[36]Ibidem.

relação *dual* entre os indivíduos e os corpos; para manter sua integridade narcísica, esses indivíduos precisam se atacar e se destruir mutuamente.[37]

Dessa perspectiva, seria apenas com a *triangulação* edipiana, com a emergência da imago do pai no psiquismo, que o infante sairia da servidão da imago materna e da imago fraterna, que o condenariam à relação dual e violenta com o outro. Com efeito, os horizontes do outro e da alteridade se constituiriam pela *mediação* da imago paterna, que possibilitaria a ascensão à ordem simbólica.[38]

Posteriormente, Lacan reformulou essa introdução da figura do pai, que remanejaria então o registro da especularidade. Pela introdução do registro da fala e da linguagem em psicanálise, em 1953,[39] a figura do pai introduziria a lei da interdição do incesto como sendo a lei simbólica, e a figura do pai foi reformulada pelo conceito de Nome-do-pai.

De qualquer forma, pode-se reconhecer que, seja pela mediação da imago paterna, seja pela mediação da linguagem e da lei simbólica, o que Lacan pretendia com a dita mediação era inscrever o psiquismo no registro do tempo, a fim de relativizar a pregnância do registro do espaço na construção psíquica originária. Seria necessário colocar uma distância do sujeito em face da captura especular, pois essa o destinaria à fragmentação sempre possível e iminente no horizonte de sua experiência.

---

[37] Ibidem.

[38] J. Lacan, "Les complexes familiaux dans la formation de l'individu". In: *Encyclopédie française sur la vie mentale*. Volume VII.

[39] J. Lacan, "Fonction et champ de la parole et du langage em psychanalyse" In, J. Lacan, *Écrits*.

Se essa espacialização fosse dominante, seria a violência, a agressividade e a criminalidade que se imporiam na experiência psíquica e social, tal como Lacan mostrou em seu ensaio sobre a agressividade em psicanálise.[40] Por isso mesmo, Lacan fez aqui a releitura da problemática do mal-estar em Freud, destacando que o que caracterizaria o mal-estar na modernidade seria a *humilhação* da figura paterna, de forma que a experiência psicanalítica visaria a inscrever tal imago do pai no psiquismo para regular o mal-estar em questão.[41]

Não foi por acaso que Lacan se concentrou tanto, no seu percurso inicial na psicanálise, na pesquisa da violência e da criminalidade, pois essas, como modalidades básicas do mal-estar de então, estariam condensadas no registro dual da especularidade.[42] Com isso, a base de construção psíquica seria eminentemente paranoica em decorrência da espacialidade primordial e da alienação do sujeito ao outro.

Na leitura de Lacan, a paranoia seria o modelo clínico por excelência para a leitura do psiquismo, pela dominância do espaço sobre o tempo, substituindo então o modelo clínico freudiano, centrado na histeria. Dessa perspectiva, a agressividade seria anterior ao erotismo na experiência psíquica, de acordo com a transformação já existente no campo social do mal-estar.

[40] J. Lacan, "L'agressivité en psychanalyse". In: J. Lacan, op. cit.

[41] J. Lacan, "Les complexes familiaux". In: *Encyclopédie française sur la vie mentale.*

[42] J. Lacan, *De la psychose paranoïaque dans sés rapports avec la personalité suivi de premiers écrits sur la paranoïa.* J. Lacan, "Motifs du crime paranoïaque". J. Lacan, M. Cénac, "Pressuposés à tout développement de la criminologie" (1950). In: J. Lacan, *Écrits.*

Portanto, tanto com Minkowski quanto com Wallon e Lacan, na geometrização da experiência psíquica na esquizofrenia e com o estádio do espelho, seria sempre a espacialização primeira do psiquismo o que estaria em pauta, de forma que, com a fragilização da temporalidade, seria aquela que presidiria e regularia a experiência do mal-estar. Delineia-se já, assim, um quadro que se desdobrará futuramente nas formas contemporâneas do mal-estar.

Estaríamos aqui num contexto e tempo bastante avançado da modernidade, que se evidencia pela dissolução da categoria do tempo ante a do espaço, que começa então a dominar o território do psiquismo. A viragem teórica do discurso freudiano nos anos 1920, com a compulsão à repetição e o novo estatuto atribuído ao traumático, já indicava isso. No entanto, no contexto histórico dos anos 1930, a inflexão é ainda mais decisiva, esboçando o quadro em que se configurará o mal-estar na contemporaneidade. Estaríamos, enfim, no registro da *modernidade avançada* propriamente dita.

CAPÍTULO 7 O vazio no existir

I. Intensidade, afetação, sentimento

É preciso considerar agora o terceiro registro do mal-estar contemporâneo: o das intensidades. A articulação entre os diferentes registros é realizada sempre pelo excesso. Pode-se compreender facilmente, no registro das intensidades, a incidência imediata do excesso, que se apresenta como *afetação* e se expressa como *sentimento*.

Assim, a equação é relativamente simples, pois é possível reconhecer como o excesso transborda no psiquismo como *humor* e *pathos* antes de se deslocar para os registros do corpo e da ação. Dito de outra maneira, o excesso é imediatamente afetação e sentimento, antes de mais nada. Somos, assim, afetados inicialmente pelo excesso que nos toma e que se expressa como sentimento num segundo momento, de maneira que passamos então a *sentir* a afetação. O excesso seria, então, o regulador das afetações e dos sentimentos, delineando a valência das suas intensidades. O colorido destas estaria na dependência daquelas, de forma a modulá-las na sua expressividade.

Da exaltação à depressão, todas as matizações das intensidades são aqui possíveis de se plasmar como sentimento. A despeito de tais matizações, no entanto, o excesso é sempre *irrupção* de algo que escapole ao controle e à regulação da vontade, e que se impõe no psiquismo como um *corpo estranho*. Seria isso, pois, a marca do excesso, que se caracteriza por ser *incontrolável*. Isso porque o que o caracteriza especificamente é o afastamento e a ruptura com a regularidade estabelecida na experiência subjetiva, indo além das fronteiras estabelecidas nas intensidades das *sensações* e das afetações. Enfim, não se pode perder de vista que estamos situados aqui nas bordas da experiência do sensível, que são transformadas nas suas regularidades, e que os excessos afetam as suas fronteiras, até então bem-estabelecidas.

É fundamental considerar aqui, no entanto, a questão do *limiar* que define as fronteiras das regularidades das afetações, no que concerne às dimensões da irrupção e do incontrolável na experiência do excesso, para que se possa compreender devidamente o que está em causa nas subjetividades contemporâneas. Pode-se afirmar, assim, que os limiares de irrupção e de falta de controle da vontade diminuíram sensivelmente nas individualidades, que ficaram então cada vez mais assujeitadas e à deriva das imposições do excesso. Com isso, o psiquismo não mais o regula como deveria, que se presentifica necessariamente então no psiquismo de maneira incoercível.

Algumas das resultantes disso nós já destacamos ao longo deste ensaio. Antes de mais nada, a presença da angústia do real e do seu corolário, isto é, o efeito traumático. Isso porque o eu não tem o poder de antecipação dos acontecimentos para poder circunscrever devidamente o impacto das intensidades.[1] Por isso mesmo, o limiar de irrupção do excesso diminui de maneira significativa e decresce assim ainda mais a possibilidade de regulação das intensidades. A resultante disso é que a subjetividade fica diante de algo que a ultrapassa e que não pode dar conta. Diante disso, a posição do sujeito é de impotência, defrontado que está com algo muito maior do que ele. Enfim, uma das consequências-limite deste processo é a paralisia psíquica.

Para tentar circunscrever a experiência traumática, o psiquismo lança mão da compulsão à repetição, como Freud a descreveu, para isolar e procurar controlar desesperadamente a irrupção inesperada.[2] A repetição pretende realizar ativamente a recriação do trauma, para que o psiquismo possa antecipar-se agora ao que não pôde fazer quando este se produziu.[3] Com esse deslocamento, da posição passiva para a ativa, o sujeito busca transformar a sua relação com o acontecimento inesperado, tentando transmutar o inesperado e o imprevisível em esperado e previsível, submetido que seria ao controle do eu e da vontade.

Deslocamo-nos decididamente, assim, do registro das intensidades para o da ação, como se viu com as diferentes modali-

---

[1]S. Freud, *Inhibitiom, symptôme et angoisse.*
[2]S. Freud, "Au-delà du principe de plaisir". In: S. Freud, *Essais de psychanalyse.*
[3]Ibidem.

dades de compulsão. Tais compulsões são, contudo, fadadas ao fracasso. Porque são ações coartadas, não conseguem remodelar o contexto intensivo que as colocou em funcionamento. Vale dizer, o disparador do processo não seria atingido e capturado pelo sujeito, que continua assim assujeitado àquele.

Ao lado disso, é preciso considerar ainda o contexto atual em que a compulsão à repetição opera, que não é o mesmo de décadas atrás, quando Freud enunciou tal mecanismo psíquico. A compulsão à repetição não é efetiva pela ampliação assumida hoje pelo campo do traumático. Ou seja, o trabalho psíquico da compulsão à repetição não pode operar com efetividade e eficácia em tantas frentes ao mesmo tempo, limitando, então, as possibilidades de simbolização do psiquismo. Constitui-se, dessa maneira, um círculo vicioso, pois a limitação das possibilidades psíquicas de simbolização provoca, em contrapartida, uma diminuição efetiva na possibilidade de antecipação dos acontecimentos. Enfim, novos acontecimentos traumáticos se perfilam no horizonte do sujeito, que fica cada vez mais restrito nas suas possibilidades de antecipação e regulação dos acontecimentos.

Ao lado disso, depreende-se como o pânico se inscreve diretamente nesse contexto, na medida em que a subjetividade fica impotente em face dos acontecimentos irruptivos. Assim, a subjetividade é tomada pelo sentimento de horror. O que se impõe aqui é o fantasma da iminência da morte, já que, incapacitado de agir, o eu entra em estado de suspensão, pois como instância psíquica não pode mais regular as relações entre o corpo e o mundo. O estresse inscreve-se nesse mesmo contexto, caracterizado pelo colapso do psiquismo.

A totalidade desse processo incide nas formas de subjetivação, que seria assim virada de ponta-cabeça, subvertendo inteiramente a economia psíquica. Deve-se indicar tudo isso agora, nos seus diferentes e diversos níveis, isto é, nas suas múltiplas complexidades.

Antes de mais nada, nessa cena catastrófica, a autoestima se dissolve. A desqualificação e a desvalorização do sujeito em relação a si mesmo se incrementa de maneira vertiginosa, acompanhando as afetações com as sensações de abismo e de vertigem que passam a possuir inteiramente o sujeito. O sentimento de segurança psíquica, isto é, de que o eu pode dar conta das relações entre o corpo e o mundo, se esvazia de maneira flagrante. O eu e o psiquismo perdem efetivamente a sua *potência*. É a potencialidade de ser que é assim atingida no seu âmago, mas que se manifesta inicialmente pela impossibilidade de *fazer* e de *agir*. No entanto, é a certeza de ser na sua totalidade que é atingida na sua potência, esvaziando, então, o sujeito.

II. A despossessão de si

Desta perspectiva, o terror de se perder apodera-se do eu, que se agarra a si mesmo como pode, para não se desprender definitivamente. O fantasma da perda de si se coloca em cena com toda a eloquência possível. A *despossessão de si* se anuncia assim como uma problemática crucial no mal-estar contemporâneo. Da corporificação, passando pelas desregulações da ação e atingindo a suspensão do eu, a despossessão de si se apresenta sob diferentes figuras e se evidencia por diversos signos. Entretanto, a variabilidade destes e daquelas não deve silenciar e nos fazer esquecer da invariância que atravessa a despossessão.

No que concerne especificamente ao registro das intensidades, a despossessão de si se apresenta inicialmente como *distimia*. O discurso psiquiátrico se refere à distimia como variações súbitas do humor, nas quais o sujeito oscila rapidamente entre os polos da exaltação e da apatia, sem que se possa determinar especificamente as razões e os motivos de suas oscilações. A exaltação está frequentemente associada à irritabilidade e a explosões repentinas de raiva pelo indivíduo, que procura sempre racionalizar suas reações por algum motivo contextual e situacional. Porém, suas reações ultrapassam em muito a motivação aludida, pela desproporção existente entre aquilo que presumivelmente desencadeia a ação e a reação propriamente dita. Em contrapartida, indica um esvaziamento radical na possibilidade de resposta do sujeito.

De qualquer maneira, a distimia tem se incrementado bastante, como signo de perturbação das intensidades na contemporaneidade. Indica, além disso, uma evidente modalidade de despossessão subjetiva, pois o sujeito não consegue dar conta de suas variações de humor, que oscilam numa gama múltipla de matizações.

Contudo, não resta dúvida de que a *depressão* é a modalidade mais importante em que a despossessão de si se apresenta na atualidade. As distimias, como formas de alteração de humor, são frequentemente articuladas no discurso psiquiátrico, seja à mania, seja à depressão, signo insofismável que seria do distúrbio bipolar, antigamente denominado psicose maníaco-depressiva. De qualquer maneira, a despossessão de si atingiria na depressão o seu nível mais patente e ostensivo, sendo a experiência-limite em que aquela se processa na atualidade.

Pode-se afirmar que as depressões se transformaram num dos males maiores da atualidade, na medida em que evidenciam as tormentas da despossessão de si no seu limite máximo. Fala-se de depressão hoje como nunca se falou antes, ao lado das toxicomanias e do pânico. A Organização Mundial da Saúde coloca a depressão, nas suas várias formas e manifestações, como a segunda enfermidade médica mais frequente na atualidade. A previsão é de que, num futuro próximo, aumentem mais ainda suas taxas epidemiológicas, de incidência e de prevalência. Esse é, enfim, o quadro referencial de base, para que se aquilate devidamente a extensão do processo que está aqui em causa.

Porém, se as depressões de hoje têm algumas das marcas apresentadas no passado, outras são evidentemente novas, caracterizadas por signos nunca mencionados antes. Tais signos eram inscritos em outras formações psicopatológicas. Ou, então, não tinham qualquer valor diagnóstico e patognomônico, sendo considerados parte da normalidade. Isso indica que se expandiu bastante o campo da existência do que se nomeia depressão hoje, em relação ao passado, sendo este processo a resultante da psiquiatrização do social e da correlata utilização massiva dos psicofármacos, legitimados pelas neurociências. As bordas do processo de normalização psiquiátrica romperam as fronteiras anteriormente traçadas no espaço social, produzindo rupturas fundamentais. A expansão do campo clínico das depressões é uma das resultantes disso.

A *culpa* era um dos sintomas maiores que se destacavam no quadro clínico da melancolia. Assim, sob a forma de autoacusações bastante pesadas sobre si mesmo, o melancólico se flagelava de maneira ostensiva e violenta, num processo marcado pela evidente *crueldade*. Por isso mesmo, o discurso psicopatológico dava a isso o devido destaque, no que foi seguido de maneira mais sutil e refinada pelas leituras metapsicológicas advindas do discurso psicanalítico. Pode-se dizer que a culpa foi indiretamente destacada no discurso psicopatológico de Kraepelin,[4] que descreveu inicialmente a melancolia no quadro da psicose maníaco-depressiva, e que foi retomada posteriormente por Abraham[5] e por Freud,[6] com bastante engenhosidade interpretativa.

Entretanto, no que concerne à depressão hoje, não é a culpa que se encontra inscrita na cena principal das narrativas psicopatológica e psicanalítica, mas o *vazio*.[7] É esse o signo por excelência da depressão na contemporaneidade. As pessoas se queixam cada vez mais que estão vazias, que não têm nada dentro de si, isto é, que perderam uma certa vitalidade e o envolvimento com as coisas e as pessoas. Com efeito, para tais pessoas, sua existência e o mundo perderam

---

[4]E. Kraepelin, *Introduction à la psychiatrie clinique.*

[5]K. Abraham, "Préliminaires à l'investigation et au traitement psychanalytique de la folie maniaco-depressive et des états voisins" (1912). In: K. Abraham, *Rêve et mythe.*

[6]S. Freud, "Deuil et melancolie". In: S. Freud, *Métapsychologie.*

[7]J. B. Pontalis (org.), *Nouvelle Revue de Psychanalyse. Figures du vide.* n° 11.

absolutamente o sentido, não tendo, pois, mais qualquer razão para existir. É a potência de ser que se esvaiu, secando quase definitivamente a gana pela vida. Enfim, é a impotência e a apatia que se impõem como resultantes disso.

III. Desencantamento, fadiga e corrosão de si

Parece-me que, em decorrência disso, as pessoas foram em busca das drogas de maneira indiscriminada, procurando algo que pudesse provocar preenchimento e excitação, diante da experiência radical e limite da despossessão de si. Seria necessário, assim, que novas sensações prazerosas fossem produzidas, que pudessem dar um alento e um colorido existencial a uma forma de ser que se tornou francamente descolorida e, na melhor das hipóteses, cinzenta. Foi nesse contexto que a cultura das drogas encontrou a sua condição concreta de possibilidades, para oferecer alento a essas formas desérticas de existência.

É claro que o que as drogas oferecem é apenas uma experiência ilusória, provisória e fugidia, de curta duração, pois o vazio se repõe e é relançado no campo do psiquismo. Porém, diante do vazio cravado na ordem da existência, o sujeito insiste na cultura das drogas, quando não se inscreve no circuito da psiquiatrização, que se expande neste canteiro de obras, promissor e mortífero, da experiência do vazio na contemporaneidade. É enraizado nesse vazio que a cultura das drogas se desenvolve, tanto as legitimadas pela medicina e pela psiquiatria, quanto as ilegais e ilegítimas, disseminadas pelo narcotráfico.

Foi por esse viés que se constituiu a figura típica da cultura de drogas na contemporaneidade, qual seja, a de *Dionísio desencantado*.[8] Este é o personagem mítico atual, que vive na eloquência do vazio, como contrapartida crucial ao *mundo desencantado*[9] da contemporaneidade. Nesse, com efeito, os deuses não mais nos protegem e nos inscrevemos num mundo permeado totalmente pelos discursos da ciência e do consumo de mercadorias.

Tudo isso nos dá algumas pistas importantes para podermos interpretar devidamente os signos evidenciados pela eloquência gritante e desesperada desse vazio. Ele pode ser articulado diretamente com o violento processo do *desmapeamento* do *mercado de trabalho*, produzido pela mundialização, que produz nas subjetividades aquilo que Sennett denominou *corrosão do caráter*, signo presente de maneira eloquente na sociedade pós-moderna. Obrigados a uma flexibilização ao extremo da forma de ser de si próprios, para se adaptarem às flutuações do mercado de trabalho, os indivíduos perdem sua espinha dorsal, isto é, o *caráter*, que como invariante deveria fornecer-lhes uma potência de ser e de agir na existência, de forma a se direcionarem no mundo.[10] É nesse turbilhão e vertigem, provocados pela luta desesperada pela vida, que as pessoas perdem seu fio de prumo, esvaziando-se e se despotencializando. Enfim, o vazio e a

---

[8]J. Birman, "Dionísio desencantado". In: J. Birman, *Mal-estar na atualidade*.
[9]M. Weber, *L'éthique protestante et l'esprit du capitalisme*. M. Weber, *Sociologie et religions*.
[10]R. Sennett, *A corrosão do caráter*.

despossessão de si deixam de ser assim tão enigmáticos, como poderiam parecer para um olhar ingênuo sobre a atualidade.

Nesse contexto, o sujeito também começa a se esgotar de maneira trágica, se esvaindo de seu desejo de ser, de viver e de agir. Sua potência se perde, obviamente, assim como suas certezas. Se o caráter, como invariante que é da subjetividade, se dilui e mesmo desaparece, o sujeito não possui mais qualquer projeto de existência. Deve apenas se adaptar às oscilações e variações do mercado de trabalho, procurando apenas sua sobrevivência. Com isso, acaba por ser tragado pela *fadiga de si mesmo*, tal como Ehrenberg procurou interpretar a disseminação da depressão na contemporaneidade.[11] Seria esta fadiga de si mesmo uma outra figura crucial para se falar do vazio e da despossessão de si na contemporaneidade.

Pode-se depreender facilmente disso tudo como a despossessão de si é o processo fundamental na produção do sentimento de vazio, que, como vazio *do* e *no* existir, é a marca paradigmática que se encontra presente nas depressões contemporâneas.

Evidentemente, o vazio é uma figura de retórica que remete à categoria do espaço. Poder-se-ia mesmo dizer que o vazio é o espaço em negativo, pois não contém mais qualquer figura no seu interior. Porém, como potência em negativo da espacialidade, o vazio é ainda o espaço contraído e condensado num ponto evanescente, que provoca vertigens e lança o sujeito inapelavelmente nas bordas da sensação de abismo.

---

[11] A. Ehrenberg, *La fatigue d'être soi.*

CAPÍTULO 8 Pensamento e linguagem em negativo

Como afirmo desde o início deste percurso, algumas ausências significativas se destacam na descrição do mal-estar na atualidade, na medida em que a ênfase da descrição tem recaído nos registros do corpo, da ação e das intensidades. Refiro-me aos registros do pensamento e da linguagem. Estes estão ausentes nas descrições do mal-estar contemporâneo, tanto no discurso psiquiátrico quanto no psicanalítico, o que não deixa de ser surpreendente, visto que são registros nobres do psiquismo.

A questão fundamental que se coloca aqui é a razão de tal ausência e dessa quase inexistência. Para se indagar sobre isso, é preciso situar o que está em pauta.

I. Derrocada do pensamento

Falarei aqui sobre a *inversão*, no psíquico, entre o registro do pensamento, por um lado, e os registros do corpo, da ação e das intensidades, por outro. Digo inversão porque, na Idade clássica[1] e na psicologia do século XIX,[2] numa tradição inaugurada por Descartes,[3] o pensamento definia o ser do homem. Pelo *cogito* cartesiano o pensamento era a condição de existência para o sujeito, de maneira que, para ser e existir, antes de mais nada, seria necessário pensar.

No entanto, a psicologia moderna se construiu mediante uma operação teórica decisiva, pela qual se realizou a limitação do lugar destacado e até então oferecido ao registro do pensamento.[4] Nesse contexto, a *imaginação* foi positivada, visto que tinha um aspecto negativo na psicologia da Idade Clássica, exatamente porque desviava a razão do caminho reto em direção ao conhecimento.

Era o ato de conhecer enquanto tal que era valorizado na psicologia clássica.[5] Daí porque tudo aquilo que propiciasse a produção e a reprodução do conhecimento era valorizado. Em contrapartida, tudo que o impossibilitasse era devidamente desvalorizado. Se as faculdades sensoriais, a memória,

---

[1] M. Foucault, *Les mots et les choses. Une archéologie des sciences humaines.*
[2] G. Canguilhem, "Qu'est-ce que la psychologie?" In: G. Canguilhem, *Études d'Histoire et de philosophie de la science.* J. Lacan, "Au-delà du principe de realité". In: J. Lacan, *Écrits.*
[3] R. Descartes, "Méditations". In: *Oeuvres et lettres de Descartes.*
[4] J. Lacan, "Au-delà du principe de realité". In: J. Lacan, *Écrits.* G. Canguilhem, "Qu'est-ce que la psychologie". In: G. Canguilhem, *Études d'Histoire et de Philosophie de la Science.*
[5] Ibidem.

o entendimento e a razão eram destacados, a imaginação era negativamente avaliada. Isso porque, se as primeiras podiam fundamentar o processo de produção do conhecimento, a segunda desviava a razão desta finalidade maior.[6]

Esse mapeamento eminentemente cognitivo das faculdades anímicas, realizado pela psicologia da Idade Clássica, foi a contrapartida no discurso filosófico da emergência histórica das Revoluções Científicas, ocorridas nos séculos XVII e XVIII.[7] Foi o imperativo teórico e ético para a produção dos discursos científicos que exigiu, em contrapartida, uma reflexão teórica acurada do ato de conhecer, que foi então realizada pelo discurso filosófico. A psicologia da Idade Clássica deu corpo e fundamento a essa preocupação e imperativo cruciais.

No entanto, no fim do século XVIII e início do século XIX, começou um processo teórico e ético decisivo, que deu positividade à imaginação. Essa foi então transformada numa encruzilhada crucial, para que se pudesse melhor compreender o pensamento. A filosofia kantiana, principalmente com a *Crítica da razão pura*[8] e a *Crítica do juízo*,[9] foi a condição histórica para a positivação da imaginação na filosofia moderna.

Heidegger deu a isso o devido destaque na leitura que empreendeu da filosofia kantiana em *Kant e o problema*

[6] Ibidem.
[7] A. Koyré, *Du monde clos à l'univers infini*. A. Koyré, *De la mystique à la science*. A. Koyré, *Études d'histoire de la pensée scientifique*.
[8] E. Kant, *Critique de la raison pure*.
[9] E. Kant, *Critique de la faculté de juger*.

da metafísica.[10] Isso porque a retomada e a positivação da imaginação implicou a produção de uma fenda crucial, na longa tradição metafísica, que possibilitou que a problemática do ser pudesse, então, ser enunciada.

Assim, com a posição conferida aos esquemas da imaginação, inscritos entre o registro sensorial e o do entendimento, a imaginação passou a ocupar um lugar fundamental na produção do conhecimento.[11] Não existiriam, portanto, os enunciados do entendimento sem que a imaginação realizasse a ordenação prévia daquilo que fosse proveniente do registro da sensorialidade. Além disso, na *Crítica do juízo*, Kant conferiu à imaginação uma posição fundamental na produção da experiência estética.[12]

É claro que a positivação conferida à imaginação trouxe como consequência um deslocamento da problemática da filosofia do registro do conhecimento para os registros da ética, da política e da estética. As transformações sociais radicais, ocorridas com o advento da Revolução Francesa, viraram a cena do mundo de ponta-cabeça, de maneira que o que estava então em pauta não se restringia mais ao campo do conhecimento.

Foucault nos fala que a problemática da *finitude* humana se colocou justamente nesse contexto histórico, valorando a posição crucial ocupada pela filosofia kantiana nesta passagem.[13] Constituiu-se, então, a *episteme* centrada na história,

---

[10]M. Heidegger, *Kant et le problème de la métaphysique.*
[11]E. Kant, *Critique de la raison pure.*
[12]E. Kant, *Critique de la faculté de juger.*
[13]M. Foucault, *Les mots et les choses.*

que deixou a *episteme* centrada na representação como algo da ordem do passado. No âmago da finitude humana, a imaginação passou a ocupar uma posição estratégica.[14]

Em decorrência disso, seria fundamental delinear a dimensão afetiva do psiquismo, para que se pudesse circunscrever as figuras do pensamento. Assim, seria pela mediação da imaginação que a afetividade incidiria sobre o pensamento e a vontade. Esses passariam a ser imantados por aqueles nas suas operações. O pensamento, enfim, perdeu a autonomia absoluta que desfrutava na Idade Clássica, ficando agora numa relação de dependência dos registros da imaginação e da afetividade.

A psicanálise ocupou uma posição crucial nessa transformação epistemológica, constituindo uma nova leitura do psiquismo. Ao atribuir à *pulsão*,[15] ao *inconsciente*[16] e ao *fantasma*[17] um lugar fundamental no psiquismo, o discurso freudiano colocou os registros do pensamento e da vontade subsumidos a esses outros registros psíquicos. Promoveu, assim, o *descentramento* do sujeito, dos registros do eu e da consciência, de maneira a renovar a crítica ao livre-arbítrio da razão e do pensamento. O cogito cartesiano, enfim, foi desalojado da sua posição primordial.[18]

[14]Ibidem. M. Foucault, "Qu'est-ce que les Lumières?" (1984). In: M. Foucault, *Dits et écrits*, vol. IV.

[15]S. Freud, "Pulsions et destins des pulsions". In: S. Freud, *Métapsychologie.*

[16]S. Freud, "L'inconscient". In: S. Freud, *Metapsychologie.*

[17]S. Freud, *Trois essais sur la théorie de la sexualité.*

[18]J. Lacan, "Le stade du miroir comme formateur de la function du je". In: J. Lacan, *Écrits.*

Não foi apenas a psicanálise que realizou tal transformação epistemológica, é claro. A psicologia moderna foi totalmente refundada, retirando a autonomia absoluta conferida ao pensamento e a onipotência que se conferia à vontade. Para me referir a outros discursos, é preciso evocar aqui que as psicologias existencial e fenomenológica realizaram o mesmo movimento teórico. As contribuições de Sartre para a psicologia centraram-se nessas problemáticas, de maneira que os registros da imaginação[19] e do afeto[20] passaram a ser destacados. Da mesma forma, as contribuições de Merleau-Ponty se fizeram retomando o registro da percepção, para reconstruir a psicologia em outros fundamentos e criticar o lugar crucial conferido até então ao entendimento.[21] A investigação de Merleau-Ponty caminhou, enfim, para a construção de uma outra leitura para a estrutura do comportamento.[22]

Considerando esse percurso teórico, no entanto, não se pode depreender disso que o pensamento tenha perdido sua importância na modernidade. Afirmar isso seria um contrassenso. O que se formulou na modernidade foi um quadro bem mais complexo, no qual o pensamento foi inscrito, retirando dos registros da razão e do entendimento a posição onipotente que ocupavam anteriormente no discurso filosófico. Não obstante sua inscrição num campo psíquico bem mais complexo que o existente na Idade Clássica, o pensamento continuava a ocupar uma posição decisiva na descrição da subjetividade.

[19] J. P. Sartre, *A imaginação*. J. P. Sartre, *L'imaginaire*.
[20] J. P. Sartre, *Esquisse d'une théorie des émotions*.
[21] M. Merleau-Ponty, *Phenomenologie de la perception*.
[22] M. Merleau-Ponty, *La structure du comportement*.

Assim, seria sempre pela mediação do pensamento que o sujeito poderia não apenas colocar e levantar questões, delineando então problemas, mas também encontrar soluções que fossem efetivas. Pensar seria então fundamental, uma das marcas da condição humana. Podemos enunciar que, na passagem da Idade Clássica para a modernidade, a razão foi certamente limitada em sua onipotência, mas o pensamento, imantado agora pela imaginação e pela afetividade, era um registro cabal no psiquismo.

Este, contudo, na modernidade, passou a ser marcado pela *divisão* e pela *fragmentação,* pelas quais a *conflitualidade* constituía o seu ser. O discurso freudiano indica isso, tanto na sua primeira tópica (inconsciente, pré-consciente e consciência)[23] quanto na segunda (isso, eu e supereu).[24] Da mesma forma, nas duas teorias de pulsão — pulsão sexual *versus* pulsão do eu[25] e pulsão da vida *versus* pulsão de morte[26] —, Freud se manteve sempre dualista, reafirmando e insistindo com isso na exigência da conflitualidade no psiquismo. Enfim, o pensamento se inscrevia numa lógica da conflitualidade, sem perder sua posição estratégica.

Desaparecem, contudo, as referências ao pensamento no mal-estar na atualidade. Isso não quer dizer, é claro, que as teorias psicológicas e psicopatológicas contemporâneas tenham abolido o pensamento como função e instância psíquicas. Porém, sua suspensão se revela na descrição do

---

[23] S. Freud, "L'inconscient". In: S. Freud, *Metapsychologie.*
[24] S. Freud, "Le moi et le ça". In: S. Freud, *Essais de psychanalyse.*
[25] S. Freud, *Trois essais sur la théorie de la sexualité.*
[26] S. Freud, "Au-delà du principe de plaisir". In: S. Freud, *Essais de psychanalyse.*

campo clínico do mal-estar. Isso evidencia algo fundamental e surpreendente na caracterização atual da subjetividade: a *suspensão* do pensamento.

Se o mal-estar se apresenta nos registros do corpo, da ação e das intensidades, isso evidencia a anulação da ordem do pensamento. Tudo se passa como se a incidência do excesso sobre tais registros do psiquismo produzisse um ataque e um curto-circuito no registro do pensamento, que não pode, assim, funcionar devidamente. O pensamento se paralisa, pela própria impotência e pelo vazio que passa a ocupar o campo psíquico.

Além disso, no mal-estar atual, o modelo conflitual da subjetividade, tal como foi delineado no discurso freudiano, tende ao desaparecimento. Isso porque teria no pensamento um polo ativo, capaz de superar o mal-estar produzido pela própria conflitualidade. Com isso, as pessoas se queixam de que algo as incomoda no corpo e que são tomadas por intensidades que as esvaziam, mas de maneira passiva e não implicada no que lhes acontece. Tudo se passa como se o que lhes ocorresse fossem coisas estranhas a elas mesmas, que não poderiam ter qualquer acesso ao que lhes acontece. Por isso mesmo, não levantam qualquer questão a respeito. Nessa inexistência de indagação, o registro do pensamento se evidencia na sua ausência e suspensão.

Em contrapartida, esperam que o outro faça algo por elas e no lugar delas, incapazes que são de saber e de fazer algo sobre si. Quando consultam o psiquiatra, o psicólogo e o psicanalista, a única pergunta que fazem é reveladora desta condição de suspensão da possibilidade de pensar:

O que devo fazer? Se nesta indagação se evidencia como o pensamento está anulado, como possibilidade de resolver problemas e superar conflitos, o que vem ao primeiro plano é algo que se inscreve no registro estrito da ação. Enfim, é o fazer que insiste, reiterando o lugar do registro da ação na subjetividade contemporânea.

Assim, a fragmentação psíquica foi tão incrementada hoje, em decorrência do excesso intensivo, que a conflitualidade, como possibilidade simbólica, não mais se sustenta. Ao lado disso, a imaginação se esmaece enquanto lugar psíquico para a indagação sobre o possível, isto é, daquilo que é ainda *ausência* no aqui e agora, mas que poderia se tornar *presença* no futuro. Nesse contexto, o pensamento se suspende e os registros do corpo, da ação e das intensidades passam a avolumar-se no psiquismo, impossibilitando as simbolizações.

II. Retórica instrumental e suspensão da *poiesis*

Disso decorrem diversas consequências na economia psíquica. Antes de mais nada, o empobrecimento da *linguagem*, que marca de maneira indelével as subjetividades contemporâneas.

A linguagem perde o seu poder metafórico, sendo permeada cada vez mais por imagens, que se consubstanciam no corpo e na ação. O discurso dos adolescentes é paradigmático disso, na medida em que é perpassado todo o tempo não apenas por imagens, mas também por imagens de ação. Tudo se passa como se fosse impossível, para eles, sustentar algo no pensamento e falar sobre isso, sem colocar entre parênteses o imperativo do agir.

Em decorrência disso, a discursividade assume uma direção marcadamente *horizontal*, sem os cortes que poderiam lançá-la na *verticalidade*. Vale dizer, a linguagem e o discurso assumem uma feição marcadamente metonímica, e não mais metafórica.[27] Isso evidencia que o discurso percorre a sua rota se sustentando apenas num dos eixos da linguagem, não articulando mais devidamente os eixos paradigmático e sintagmático.

A dominância da *metonímia* na ordem do discurso indica a presença de um desejo à deriva e sem cortes significativos capazes de relançá-lo e inscrevê-lo no registro da *metáfora*. Por isso mesmo, o desejo tende à descarga e se evapora como ação imediata, não se constituindo como polo conflitual e lugar de tensão, como ocorria ainda na modernidade. Tudo isso se passa com pessoas que têm um domínio razoável da língua e que foram bem escolarizadas. Não obstante, a linguagem perde seu poder simbólico de maneira marcante.

A ausência de cortes significativos na discursividade metonímica indica ainda a espacialidade da experiência, que não pode ascender a uma sequência temporal, na medida em que o desejo à deriva se evapora na pontualidade da descarga. Seria esta ação, precipitada e interrompida, que impediria a constituição de uma temporalização da experiência, entregue ao aqui e agora da experiência, isto é, ao instante evanescente.

---

[27]J. Lacan, "Fonction et champ de la parole et du langage en psychanalyse". "L'instance de la lettre dans l'inconscient où la raison depuis Freud". "La chose freudienne" (1956). In: J. Lacan, *Écrits*.

Destaquemos um pouco mais os efeitos desse processo sobre a temporalidade. Isso porque as mudanças nos registros do pensamento e da linguagem implicam a transformação daquela. Com efeito, tais registros estão articulados, de maneira que cada um desses remete aos demais.

Assim, pode-se melhor compreender agora a impossibilidade de antecipação dos acontecimentos nas subjetividades contemporâneas. O excesso toma consistência, assim como suas derivações e efeitos traumáticos, porque a angústia-sinal pressupõe a presença no psiquismo não apenas da riqueza simbólica, mas também da temporalização. Na fragilização desse, o psiquismo fica restrito à espacialização.

Em decorrência disso, a linguagem se transforma, perdendo progressivamente suas marcas simbólicas e transmutando-se em retórica *instrumental*. Vale dizer, a linguagem se esvazia na sua dimensão de *poiesis*. Daí a pregnância assumida pelas imagens. A linguagem instrumental passa a dominar a cena psíquica e não pode mais regular as intensidades e os excessos.

Poder-se-ia dizer que essa transformação evidencia os efeitos e a incidência dos discursos da razão e das ciências sobre a linguagem e o discurso, retirando desses suas dimensões simbólicas. Adorno e Horkheimer nos sugerem isso, na leitura que realizaram sobre o domínio do paradigma do Iluminismo, na história da tradição ocidental, que nos conduziu inapelavelmente ao empobrecimento simbólico como contrapartida do domínio da razão instrumental.[28]

[28] T. W. Adorno, M. Horkheimer, *La dialectique de la raison*.

Marcuse, em *O homem unidimensional*, retoma essa leitura por um outro viés nos anos 1960. Destaca como a pregnância assumida pelos modelos lógico e lógico-matemático nos discursos científicos e na filosofia conduziu ao desenvolvimento dos discursos da filosofia analítica e da lógica simbólica na tradição anglo-saxônica.[29] Em tudo isso se evidenciariam a configuração da unidimensionalidade na condição humana em curso de se constituir e a configuração das formas atuais do mal-estar na subjetividade contemporânea.

[29] H. Marcuse, *L'homme unidimensionnel*.

CAPÍTULO 9 Do sofrimento à dor

I. Pontuações metodológicas

Depois de todo esse percurso, é preciso alinhavar agora a multiplicidade de enunciados que foram aqui formulados, para dar conta das minhas indagações fundamentais. De que maneira é possível costurar todos esses signos do mal-estar? Por que o espaço foi se tornando francamente dominante a expensas do tempo, no campo desse?

É claro que algumas interpretações parciais já foram empreendidas, mas impõe-se agora uma leitura de conjunto que possa englobar as interpretações parciais realizadas. Para definir devidamente as posições teórica e metodológica por mim assumidas, é preciso dizer que todos esses signos podem ser interpretados de diferentes maneiras. Em seguida, é possível afirmar que tais interpretações não seriam excludentes, mas poderiam conjugar-se nas suas linhas de fuga. Vale dizer, tais interpretações seriam *complementares,* na medida em que operariam em diferentes níveis de discursividade teórica e de escalas de grandeza. Por isso mesmo, prefiro insistir numa direção interpretativa, mas que seja ampla o bastante para poder inscrever em seu campo outras leituras suplementares.

II. Solipsismo e alteridade

O mal-estar contemporâneo se caracteriza principalmente como *dor,* e não como *sofrimento.* Desde o começo deste percurso eu já vinha sugerindo esta hipótese de trabalho, de forma indireta, mas de maneira progressiva. A transformação ocorrida no discurso onírico, que se deslocou do registro da realização do desejo para o do trauma e do pesadelo, já era uma alusão ostensiva a essa hipótese. Ao lado disso, a marca estritamente traumática do mal-estar na contemporaneidade indicava também a mesma leitura dessa transformação. O que é preciso realizar agora, no entanto, é conferir maior consistência argumentativa a essa hipótese.

A subjetividade contemporânea não consegue mais transformar facilmente dor em sofrimento. Estaria justamente aqui a marca específica pela qual a subjetividade metabolizava o mal-estar na modernidade, de maneira que a dor se interiorizava pelo sofrimento e com ele. No entanto, a dor passou a ser o traço insofismável e inconfundível pelo qual o sujeito se confronta com o mal-estar hoje.

Os leitores podem ficar espantados com o que estou afirmando, na medida em que não reconhecem qualquer diferença entre dor e sofrimento. Com efeito, no vocabulário cotidiano as pessoas costumam usar tais palavras como se fossem sinônimos, como se não existisse qualquer diferença conceitual entre elas. Porém, é justamente isso que estou afirmando aqui. O que quero dizer, afinal de contas? Qual a diferença, para a subjetividade, entre sentir dor e sofrer?

Além disso, os leitores podem ficar ainda mais perplexos com a articulação da oposição já referida com os mundos da modernidade e da contemporaneidade. Certamente, poderiam argumentar que sentir dor e sofrer são modalidades de mal-estar que marcam a experiência humana desde sempre, sendo, pois, formas a-históricas de sentir. Entretanto, a interpretação que estou propondo aqui inscreve-se numa outra tradição teórica, na qual as marcas antropológicas da subjetividade são eminentemente históricas. Não existiria, portanto, a natureza humana no sentido abstrato do termo, que funcionaria como uma invariante a-histórica e que ficaria incólume aos valores engendrados ao longo da história das sociedades.

Assim, foi dessa perspectiva antropológica que Mauss analisou a categoria do *eu* e sua relação com a da *pessoa*, destacando devidamente suas transformações históricas.[1] Ao mesmo tempo, enunciava para o discurso da psicologia científica que seria necessário realizar a leitura diferencial e antropológica de um conjunto de categorias psicológicas, que eram apresentadas por aquele discurso como invariantes atemporais, tais como: *corpo*, *instinto*, *emoção*, *vontade*,

[1] M. Mauss, "Une catégorie de l'esprit humain: la notion de personne, celle de moi". In: M. Mauss, *Sociologie et anthropologie*.

percepção e *intelecção*.[2] Foi nessa mesma trilha teórica que se realizou também o trabalho de Dumont, quando enunciou a transformação da categoria de *indivíduo* nas diferentes modalidades de sociedade, holísticas e modernas, formulando que apenas nessa o individualismo como valor efetivamente se constituiu.[3]

De uma outra perspectiva teórica, Foucault empreendeu as leituras *arqueológica* e *genealógica* de algumas categorias, que até então eram consideradas como invariantes históricas, tais como a *loucura*,[4] a *enfermidade*,[5] o *crime*[6] e a *sexualidade*.[7] Destacou não apenas a complexidade inscrita no campo dessas diferentes problemáticas, mas também a continuidade e a ruptura de sentido presente na constituição histórica destas problemáticas.

Dito isso, podemos retomar a interpretação do mal-estar. Contudo, é preciso diferenciar devidamente dor e sofrimento. Antes de mais nada, é necessário reconhecer que a dor é uma experiência em que a subjetividade se fecha sobre si mesma, não existindo qualquer lugar para o *outro* no horizonte do seu mal-estar. Com efeito, a dor é uma experiência eminentemente *solipsista*, restringindo-se o indivíduo apenas a si mesmo, não revelando qualquer dimensão *alteritária*.

---

[2]M. Mauss, "Rapports réels et pratiques de la psychologie et de la sociologie". op. cit. In: M. Mauss, op. cit., p. 280-310.

[3]L. Dumont, *Essais sur l'individualisme. Une perspective anthropologique sur l'ideologie moderne*.

[4]M. Foucault, *Histoire de la folie à l'âge classique*.

[5]M. Foucault, *Naissance de la clinique: une archéologie du regard medical*.

[6]M. Foucault, *Surveiller et punir*.

[7]M. Foucault, *La volonté de savoir*. M. Foucault, *L'usage des plaisirs*. M. Foucault, *Le souci de soi*.

A interlocução com o outro fica assim coartada na dor, que se restringe ao murmúrio e ao lamento, por mais intensa que seja a dor em questão. Daí a passividade que sempre domina o indivíduo quando algo dói, esperando que alguém tome uma atitude em seu lugar. Se isso não ocorre, a dor pode mortificar o corpo do indivíduo, minando intensamente o registro do somático, de forma a retirar e até esvaziar a potência do indivíduo. Este se solapa e se desqualifica em sua autoestima. Ou, então, a dor pode paradoxalmente fomentar a irritabilidade, as compulsões e a violência, formas paroxísticas e explosivas que são de descarga daquilo que dói.

Assim, é preciso evocar que a dor é também uma maneira de se falar do *ressentimento*, que perpassa hoje todos os humilhados e ofendidos, disseminados pelos quatro quadrantes do planeta. Imersa na dor do ressentimento, portanto, a subjetividade contemporânea se evidencia como essencialmente narcísica, não se abrindo para o outro, de quem em princípio desconfia e rivaliza. Com isso, não pode se lançar e fazer um *apelo*. Porque "pega mal" precisar do outro, pois isso revelaria as falhas e faltas do demandante. Na cultura do narcisismo triunfante, as insuficiências não podem jamais existir e ser exibidas, já que essas desqualificam a subjetividade, que deve ser, antes de tudo, autossuficiente.

Em contrapartida, o sofrimento é uma experiência eminentemente alteritária. O outro está sempre presente para o sujeito sofrente, a quem este se dirige com o seu apelo. Daí a presença da dimensão da alteridade, que inscreve a interlocução no centro da experiência do sofrimento.

Em decorrência disso pode-se depreender que a categoria de espaço está para a dor da mesma forma que a de sofrimento está para o tempo. No solipsismo da subjetividade, na dor, esta se espacializa, sendo a dor uma materialização sensorial marcadamente espacial, na qual corpo e imagem se amalgamam de maneira indissolúvel.

Em contrapartida, no sofrimento, o espaço se fende e do seu abismo a temporalidade tem forma e movimento, lançando o sujeito para *dentro* e *fora* de si ao mesmo tempo. Se pelo adentramento em si o sujeito se *interioriza*, rompendo com a carcaça espacializada presente no registro do somático e se faz então corpo vibrátil e desejante, ao se lançar para fora de si ele se dirige ao outro com o seu apelo. A interlocução do sujeito com o outro evidencia uma experiência eminentemente temporal, pela qual o discurso assume formas eminentemente simbólicas.

Depreende-se disso que, se o corpo, a ação e as intensidades são os registros do mal-estar hoje, isso é o correlato da condição solipsista da subjetividade, coartada da interlocução com o mundo. Este se restringe cada vez mais ao registro supostamente *pragmático,* perdendo sua dimensão simbólica. Daí por que a linguagem como *poiesis* se empobrece, perdendo seu poder metafórico. O desejo fica então à deriva, nas cadeias metonímicas do discurso, não sendo relançado mais pelas rupturas, que são promovidas pela simbolização metaforizante.

A instrumentalização do corpo pela medicalização e pelo naturismo encontra aqui seu canteiro de obras, na medida em que se inscreve assim, quase que diretamente, a matéria-prima para a disseminação dos discursos sobre a saúde.

Pode-se compreender então como e por que a psicanálise se encontra agora num impasse e numa encruzilhada histórica, pois pressupõe o modelo alteritário de subjetividade, no qual os indivíduos sofrentes possam dirigir ao outro sua demanda de cuidados para poderem se inscrever na experiência da transferência. Em contrapartida, a psiquiatria biológica pode florescer, já que com os psicofármacos pode realizar o curto-circuito do sofrimento e atender diretamente aos reclamos da dor, sem qualquer mediação e apelo. A animalidade dolorida pode então ser atendida sem ter que pedir nada no jardim das delícias escatológico que é promovido pela medicalização da dor.

Entretanto, a experiência do sofrimento, tendo a interiorização como seu correlato, implica o *desamparo* do sujeito. É essa a condição de possibilidade da subjetivação e da simbolização, pois em ambas o apelo ao outro também se faz presente. Se o discurso freudiano atribuiu tanta importância ao *masoquismo* no fim do seu percurso teórico,[8] ao ponto de esse ser uma forma básica do tormento que atravessaria as diferentes estruturas psicopatológicas (neurose, psicose e perversão), isso se deve ao fato de que o masoquismo seria a forma de subjetivação pela qual a dor é transformada em sofrimento. Vale dizer, seria pela posição masoquista originária, cadenciada pelo desamparo, que o sujeito faria um apelo ao outro para transformar efetivamente a dor em sofrimento.

[8] S. Freud, "Le problème économique du masochisme". In: S. Freud, *Névrose, psychose, perversion.*

Em contrapartida, na experiência da dor, o sujeito sem abertura para o outro fica entregue ao *desolamento*, não tendo qualquer possibilidade de realizar uma subjetivação possível para aquela experiência. Entregue ao seu solipsismo, o sujeito definha na sua autossuficiência, que o paralisa quase que completamente. Seriam essas a *posição* e a *condição* do sujeito na contemporaneidade, ficando à deriva nos fluxos e refluxos dos novos códigos de existência forjados pela mundialização.

CAPÍTULO 10 Mundo e negacionismo na vida nua

Em decorrência do conjunto de marcas destacadas que caracterizam a atualidade, alguns autores afirmam que assistimos hoje ao retorno da *barbárie*, no contexto agora triunfante da sociedade industrial e da mundialização. Retomam, assim, o mesmo significante de que se valeram Adorno e Horkheimer para caracterizar os efeitos do domínio da razão instrumental, na tradição ocidental, no contexto do pós-guerra.[1] Esse mesmo significante já tinha sido utilizado anteriormente por Benjamin, para qualificar a configuração eminentemente contraditória do processo da modernidade, no ensaio "Sobre o conceito da história",[2] pela qual a ideia de progresso implicava a presença paradoxal da barbárie. Nossos contemporâneos formulam, assim, o retorno à barbárie com a mesma

[1]T. W. Adorno, M. Horkheimer, *Dialectique de la raison*.
[2]W. Benjamin, "Sur le concept d'histoire" (1940). In: W. Benjamín, *Écrits français*.

radicalidade que a tragicidade da situação atual exige, tal como ocorreu com Adorno, Horkheimer e Benjamin.

Assim, numa leitura criativa do conceito foucaultiano de *biopoder* e de *bio-história*, Agamben indica como esses são os agenciadores e os operadores para a promoção da *vida nua* (*Zoe*), que apaga e silencia progressivamente as marcas da *vida qualificada* (*Bios*)[3] na contemporaneidade. A biologização da vida seria a resultante maior disso. Dessa maneira, a medicalização da vida produz consequências imprevisíveis na sociedade contemporânea ao autorizar a legitimidade de uma biologia cada vez mais sem limites. Os laboratórios eugênicos, promovidos pelo nazismo, correlatos da experiência concentracionária, foram as condições históricas de possibilidade desta viragem crucial na nossa tradição.[4]

Outros teóricos, na linhagem filosófica de Heidegger, enunciam que existimos hoje num *i-mundo* e não mais num mundo, pelas impossibilidades em que nos encontramos de efetivamente produzir sentido. Nancy formulou isso de maneira literal e peremptória numa obra recente,[5] e Mattei sugere a mesma coisa de maneira indireta.[6] Não obstante suas múltiplas diferenças teóricas, para ambos os autores a problemática da *mundialização* seria crucial na transformação que está em curso. Esta, com efeito, promoveu desmapeamentos ostensivos do mundo, não nos oferecendo — até agora, pelo

---

[3]G. Agamben, *Homo Sacer. Le pouvoir souverain et la vie nue.*

[4]Ibidem.

[5]J. L. Nancy, *La création du monde ou la mondialisation.*

[6]J. F. Mattei, *A barbárie interior.*

menos — outras *cartografias de sentido* para nos orientar num planeta sem fronteiras.[7]

De qualquer forma, se a subjetividade contemporânea não consegue transformar mais dor em sofrimento com facilidade, isso se deve à impossibilidade de interlocução, pois os códigos desta foram também totalmente transformados. Com isso, o sujeito é lançado impiedosamente na vida nua e no mundo sem sentido, de maneira a se tornar impotente nesse cenário e vazio na sua interioridade. Destituído do impulso para a afirmação da vida, chafurda, assim, no abismo da depressão. Isso porque o gesto da interlocução pressupõe a existência de um outro, a quem se possa fazer um apelo e ser então o suporte efetivo para a produção do sentido.

Contudo, numa cultura narcísica como a nossa, permeada pela moral do individualismo como valor levada ao seu exagero, cada qual trata apenas da sua vida e considera o outro como o inimigo e o rival, seja isso real, seja potencial. A desconfiança se dissemina em todos os interstícios do tecido social, constituindo uma atmosfera opressiva do salve-se quem puder. A *solidariedade*, como valor que amalgamava ainda os laços sociais na modernidade, desapareceu inteiramente do cenário na contemporaneidade. O vazio da subjetividade atual é o correlato do mundo que perdeu o sentido, pois as regras e os códigos anteriormente estabelecidos para a promoção da sociabilidade foram subvertidos.

---

[7] *Les temps modernes*, nº 610: *Le théatre de la mundialisation: acteurs, victimes, laissez-pour-compte*. Z. Bauman, *Globalisation: The Human Consequences*.

Porém, nos registros sociológico e político pode-se caracterizar esse solipsismo e essa perda de alteridade pela quebra da *mediação* no espaço social. Seria apenas pela presença neste de mediadores seguros e consistentes, que fossem insofismáveis em sua autoridade simbólica, que a linguagem poderia fluir como discurso. Se a mediação implica institucionalidade, por um lado, seria a mediação também a condição de possibilidade da discursividade, por outro. Isso porque o discurso pressupõe a operação da *negatividade,* como nos disse Lacan[8] retomando, aqui, Hegel.[9]

Portanto, sem a presença da mediação no espaço social, a subjetividade na contemporaneidade se restringe à pura negação abstrata e vazia, afirmando-se apenas pelo murmúrio do *negacionismo*, que é ao mesmo tempo impotente e melancólico. Essa postura pode ser devidamente figurada pelo personagem de Bartleby, do famoso conto de Melville,[10] fartamente comentado por Deleuze,[11] que sempre *preferia dizer não* diante da impossibilidade de realizar qualquer ato e gesto efetivo de afirmação da vida.

Assim, de tanto dizer "eu preferiria não", tal personagem acaba finalmente por ser preso e parar de comer, morrendo de fome na prisão por insistir na sua estranha forma de se

[8]J. Lacan, "Fonction et champ de la parole et du langage em psychanalyse". In. J. Lacan, *Écrits*. J. Lacan, *Les écrits techniques de Freud*. Le Séminaire. Vol. I. J. Lacan, "Introduction au commentaire de Jean Hyppolite sur la 'Verneinung' de Freud". "Réponse au commentaire de Jean Hyppolite sur la 'Verneinung' de Freud". In: J. Lacan, *Écrits*. p. 369-399.
[9]G. W. F. Hegel, *La phénomenologie de l'esprit* (1807). Volumes I e II.
[10]H. Malville, *Bartleby and Benito Cereno*.
[11]G. Deleuze, "Bartleby, ou la formule". In: G. Deleuze, *Critique et clinique*.

enunciar. Alguns psicanalistas, como Lambotte, se referem a Bartleby como um personagem que desconhece a presença do desejo do Outro desde a sua origem.[12] Outros, como Hassoun,[13] afirmam que aquele personagem cortaria toda a demanda vinda do outro. Para ambos, contudo, o que estaria em pauta seria um processo de melancolização radical do sujeito.

Em contrapartida, para Negri e Hardt, a incondicionalidade da recusa de Bartleby se inscreveria numa longa tradição de recusa ao trabalho no capitalismo.[14] Para Deleuze, Bartleby provocaria um estrago nas teses tradicionais da pragmática da linguagem, pelas quais os enunciados se dividiriam entre as ações performativas autorreferenciais e constatativas, referidas a outras palavras ou coisas.[15] Enfim, para Deleuze, Bartleby "não seria o doente, mas o médico de uma América doente, o *medicare-man*, o novo Cristo ou o irmão de todos nós".[16]

Porém, seja como se queira interpretar tal personagem, não resta qualquer dúvida de que Bartleby é uma outra versão, agora contemporânea e radicalizada, de "o homem sem qualidades", de Musil.[17] Esse romance, publicado nos anos 1920, na mesma Viena de Freud e Schinitzler, esboça algumas das coordenadas do sujeito sem qualidade, paradigmático do mal-estar na atualidade.

[12] M. C. Lambotte, *Le discours melancolique*. De la phénomenologie à la metapsychologie.
[13] J. Hassoun, *La cruauté melancolique*.
[14] A. Negri, M. Hardt, *Empire*.
[15] G. Deleuze, "Bartleby, ou la formule". In: G. Deleuze, *Critique et clinique*.
[16] Ibidem.
[17] R. Musil, *O homem sem qualidades*.

Em decorrência de todos esses impasses e encruzilhadas, ficamos, enfim, amesquinhados como sujeitos, mas nos exercitando nas ginásticas e massagens exóticas, atribuindo valores mágicos às dietas ou, quando não, francamente intoxicados por drogas, incapazes de inventar mediações num mundo dolorosamente medicalizado e desencantado.

Bibliografia citada

ABRAHAM, K. "Préliminaires à l'investigation et au traitement psychanalytique de la folie maniaco-depressive et des états voisins". (1912). In: ______. *Rêve et Mythe. Oeuvres Complètes*. Vol. I. Paris: Payot, 1973.

Actes du Colloque L'individu Hypermoderne. Vols. 1 e 2. Paris: ESCP/EAP, Laboratoire de Changement Social/Université Paris 7, setembro de 2003.

ADORNO, T. W., HORKHEIMER. M. *Dialectique de la raison*. Paris: Gallimard, 1994.

ALEXANDER, F.; FRENCH, T. *Studies in psychossomatic medicine*. Nova York: Ronald Press, 1948.

ALEXANDER, S. *Le surrealisme et le rêve*. Paris: Gallimard, 1974.

BALANDIER, G. *Le grand dérangement*. Paris: PUF, 2005.

BAUDRILLARD, J. *La société de consommation*. Paris: Denöel, 1970.

BAUDRILLARD, J. *Amérique*. Paris: Grasset, 1986.

BAUMAN, Z. *Globalization: The Human Consequences*. Cambridge: Oxford Polity Press; Blackwell Publishers, 1998.

BAUMAN, Z. *O mal-estar na pós-modernidade*. Rio de Janeiro: Jorge Zahar, 1999.

BECK, U. *Risk society: towards a new modernity*. Londres: Stage Publications, 1992.

BEHAR, H.; CARASSON, M. *Le surréalisme*. Paris: Libraire Générale Française, 1992.

BENJAMIN, W. "Sur le concept d'histoire" (1940). In: ______. *Écrits français*. Paris: Gallimard, 1991.

BENVENISTE, E. "Catégories de pensée et catégories de langue" (1958). In: ______. *Problèmes de linguistique générale, 1*. Paris: Gallimard, 1966.

BENVENISTE, E. "Civilisation. Contribution à l'histoire du mot" (1954). In: ______. *Problèmes de linguistique générale,1*. Paris: Gallimard, 1966.

BENVENISTE, W. "Structure des relations de personne dans le verbe" (1946). In: ______. *Problèmes de linguistique* générale. Paris: Gallimard, 1966.

BERGSON, H. "L'evolution créatrice". In: ______. *Oeuvres*. Paris: PUF, 1959.

BERGSON, H. "Matière et Mémoire. Essais sur la relation du corps à l'esprit". In: ______. *Oeuvres*. Paris: PUF, 1959.

BIRMAN, J. *Enfermidade e loucura*. Sobre a medicina das inter-relações. Rio de Janeiro: Campus, 1980.

BIRMAN, J. *Por uma estilística da existência*. São Paulo: Editora 34, 1996.

BIRMAN, J. *Estilo e modernidade em psicanálise*. São Paulo: Editora 34, 1997.

BIRMAN, J. "Le corp et l'affect en psychanalyse". In: *Che Vuoi? Revue de Psychanalyse*, nº 7. Paris: L'Harmattan, 1997.

BIRMAN, J. "La Psychanalyse et la critique de la modernité". In: Boukobza, C. *Où en est la psychanalyse?* Psychanalyse et figures de la modernité. Paris Érès, 2000.

BIRMAN, J. "Dionísio desencantado". In: ______. *Mal-estar na atualidade*. Rio de Janeiro: Civilização Brasileira, 2005. 5ª ed.

BIRMAN, J. "Que droga!!!". In: ______. *Mal-estar na atualidade*. Rio de Janeiro: Civilização Brasileira, 2005, 5ª edição.

BIRMAN, J. *Arquivos do mal-estar e da resistência*. Rio de Janeiro: Civilização Brasileira, 2006.

BIRMAN, J. "Arqueologia da passagem ao ato". In: Bastos, A. *Psicanalisar hoje*. Rio de Janeiro Contra Capa, 2007.

BRETON, A. *Manifestes du surréalisme*. Paris: Gallimard, 1985.

CANGUILHEM, G. "Qu'est-ce que la psychologie?" In: ______. *Études d'histoire et de philosophie de la science*. Paris: Vrin, 1969.

DEBORD, G. *La société du spectacle*. Paris: Gallimard, 1992.

DELEUZE, G. "Bartleby, ou la formule". In: ______. *Critique et clinique*. Paris, Minuit, 1993.

DERRIDA, J. "Freud et la scène de l´écriture". In: ______. *Écriture et différence*. Paris: Senil, 1968.

DESCARTES, R. "Méditations" (1641). In: *Oeuvres et lettres de Descartes*. Paris: Gallimard, 1949.

DUCHET, M. *Anthropologie et histoire au siècle des lumières*. Paris: Albon Michel, 1995.

DUMONT, L. *Essais sur l´individualisme*. Une perspective anthropologique sur l´ideologie moderne. Paris: Seuil, 1983.

EHRENBERG, A. *La fatigue d´être soi*. Dépression et société. Paris: Odile Jacob, 1998.

ELIAS, N. *La civilisation des moeurs*. Paris: Fayard, 1995.

FEBVRE, L. *Civilisation. Le mot et l´idée*. Paris: Centre International de Synthèse, 1930.

FERENCZI, S. *Psychanalyse* 2. Oeuvres Completes. Vol. II. Paris: Payot, 1970.

FERENCZI, S. *Psychanalyse* 3. Oeuvres Complètes. Vol. III. Paris, Payot, 1974.

FOUCAULT, M. *Histoire de la folie à l'âge classique* (1960). Paris: Gallimard, 1971.

FOUCAULT, M. *Naissance de la clinique*. Paris: PUF, 1963.

FOUCAULT, M. *Les mots et les choses*. Une archéologie des sciences humaines. Paris: Gallimard, 1966.

FOUCAULT, M. *Surveiller et punir*. Paris: Gallimard, 1974.

FOUCAULT, M. *Il faut defendre la société* (1976). Paris: Gallimard; Seuil, 1997.

FOUCAULT, M. *La volonté de savoir*. Histoire de la sexualité. Vol. I. Paris: Gallimard, 1976.

FOUCAULT, M. "Qu´est-ce que les lumières?" (1984). In: ______. *Dits et écrits*. Vol. IV. Paris: Gallinard, 1994.

FOUCAULT, M. *Le souci de soi*. Paris: Gallimard, 1984.

FOUCAULT, M. *L'usage des plaisirs*. Paris: Gallimard, 1984.

FOUCAULT, M. "Les techniques de soi-même". In: ______. *Dits et écrits*. Vol. IV. Paris: Gallimard, 1994.

FREUD, S. "Le problème économique du masochisme" (1924). In: ______. *Névrose, psychose, perversion*. Paris: PUF, 1973.

FREUD, S. "Remémoration, répétition et élaboration" (1914). In: *La technique psychanalytique*. Paris: PUF, 1972.

FREUD, S. "Au-delà du principe de plaisir" (1920). In: ______. *Essais de psychanalyse*. Paris: Payot, 1981.

FREUD, S. "Considérations actuelles sur la guerre et sur la mort" (1915). In: ______. *Essais de psychanalyse*. Paris: PUF, 1981.

FREUD, S. "Deuil et melancolie" (1917). In: ______. *Métapsychologie*. Paris: Gallimard, 1968.

FREUD, S. "Esquisse d´une psychologie scientifique" (1895). In: *La naissance de la psychanalyse*. Paris: PUF, 1973.

FREUD, S. "L´inconscient". In: ______. *Metapsychologie*. Paris: Gallimard, 1960.

FREUD, S. "La morale sexuelle 'civilisée' et la maladie nerveuse des temps modernes" (1908). In: Freud, S. *La vie sexuelle*. Paris, PUF, 1973.

FREUD, S. "Le fetichisme" (1927). In: ______. *La vie sexuelle*. Paris: PUF, 1973.

FREUD, S. "Le moi et le ça" (1923). In: ______. *Essais de psychanalyse*. Paris: Payot, 1981.

FREUD, S. "Obsessions et phobies" (1895). In: ______. *Névrose, psychose, perversion*. Paris: PUF, 1973.

FREUD, S. "Pour introduire le narcissisme" (1914). In: ______. *La vie sexuelle*. Paris: PUF, 1973.

FREUD, S. "Psychothérapie de l´hystérie". In: Freud, S., Breuer, J. *Études sur l´hystérie* (1895). Paris: PUF, 1971.

FREUD, S. "Pulsions et destins des pulsions" (1915). In: ______. *Métapsychologie*. Paris: Gallimard, 1968.

FREUD, S. "Qu´il est justifié de séparer de la neurasthénie un certain complexe symptomatique sous le nom de 'névrose d´angoisse'" (1895). In: ______. *Névrose, psychose et perversion*. Paris: PUF, 1973.

FREUD, S. "Quelques considerations pour une étude comparative des paralysies motrices organiques et hystériques". In: ______. *Résultats, Idées, Problèmes* (1890-1920). Vol. I. Paris: PUF, 1984.

FREUD, S. "Remarques psychanalytiques sur l´autobiographie d´un cas de paranoia (*Dementia Paranoides*) (Le President Schreber)" (1911). In: ______. *Cinq Psychanalyses*. Paris: PUF, 1975.

FREUD, S. *Inhibition, symptôme et angoisse* (1926). Paris: PUF, 1973.

FREUD, S. *L´avenir d´une illusion* (1927). Paris: PUF, 1973.

FREUD, S. *L´interprétation des rêves* (1900). Paris: PUF, 1976.

FREUD, S. *Psychopathologie de la vie quotidienne* (1901). Paris: Payot, 1973.

FREUD, S. *Le mot d´esprit et sa relation à l´inconscient* (1905). Paris: Gallimard, 1980.

FREUD, S. *Malaise dans la civilisation* (1930). Paris: PUF, 1971.

FREUD, S. *Trois essais sur la théorie de la sexualité* (1905). 1º ensaio. Paris: Gallimard, 1962.

FUKUYAMA, F. *O fim da história e o último homem*. Rio de Janeiro: Rocco, 1992.

GIDDENS, A. *As consequências da modernidade*. São Paulo: UNESP, 1991.

GRODDECK, G. *La maladie, l´art et le symbole*. Paris: Gallimard, 1969.

GRODDECK, G. *Le livre du ça*. Paris: Gallimard, 1973.

GRUA, G. *Jurisprudence Universelle et Theodicée selon Leibniz*. Paris: Presses Universitaires de France, 1953.

HABERMAS, Jürgen. *Le discours philosophique de la modernité*. Paris: Gallimard, 1988.

HASSOUN, J. *La cruauté mélancolique*. Paris: Aubier, 1995.

HEIDEGGER, M. *Kant et le problème de la métaphysique*. Paris: Gallimard, 1953.

HEGEL, G. W. F. *La phénoménologie de l'esprit*. Paris: Aubier, 1941. Vol. I e II.

HOBSBAWM, E. J. *Las revoluciones burguesas*. Vol. I e II. Madri: Labor, 1976.

HUXLEY, A. *As portas da percepção, o céu e o inferno*. Rio de Janeiro: Civilização Brasileira, 1960.

KANT, E. *Critique de la raison pratique*. Paris: PUF, 1943.

KANT, E. *Critique de la raison pure.* Paris: PUF, 1971.

KANT, E. *Critique de la faculté de juger.* Paris: Vrin, 1995.

KESTEMBERG, E.; KESTEMBERG, J., DECOBERT, S. *La faim et le corps.* Paris: PUF, 1972.

KÖHTER, W. *Psychologie de la forme.* Paris: Gallimard, 1964.

KOYRÉ, A. *Du monde clos à l´univers infini.* Paris: PUF, 1962.

KOYRÉ, A. *Études d´histoire de la pensée scientifique.* Paris: Gallimard, 1973.

KOYRÉ, A. *De la mystique à la science.* Paris: École des Hautes Études en Sciences Sociales. 1986.

KRAEPELIN, E. *Introduction à la psychiatrie clinique.* Paris: Navarin, 1984.

LACAN, J. "La chose freudienne" (1956). In: ______. *Écrits.* Paris: Seuil, 1966.

LACAN, J. "Au-delà du principe de realité" (1936). In: ______. *Écrits.* Paris: Seuil, 1966.

LACAN, J. "Fonction et champ de la parole et du langage en psychanalyse" (1953). In: ______. *Écrits.* Paris: Seuil, 1966.

LACAN, J. "L'agressivité en psychanalyse"(1948). In: Lacan, J. *Écrits.* Paris: Seuil, 1966.

LACAN, J. "L´instance de la lettre dans l´inconscient où la raison depuis Freud" (1957). In: ______. *Écrits.* Paris: Seuil, 1966.

LACAN, J. "Le stade du miroir comme formateur de la function du je telle qu´elle nous est révélée dans l´expérience psychanalytique" (1949). In: ______. *Écrits.* Paris: Seuil, 1966.

LACAN, J. "Les complexes familiaux dans la formation de l´individu". In: *Encyclopédie française sur la vie mentale.* Vol. VII. Paris: 1936.

LACAN, J. "Motifs du crime paranoïaque: le crime des soeurs Papin" (1933). In: ______. *De la psychose, paranoïaque dans ses rapports avec la personalité suivi de Prémiers Écrits sur la paranoia.* Paris: Seuil, 1975.

LACAN, J. "Propos sur la causalité psychique" (1946). In: ______. *Écrits.* Paris: Seuil, 1966.

LACAN, J., Cénac, M. "Pressuposés à tout développement de la criminologie" (1950). In: Lacan, J. *Écrits.* Paris: Seuil, 1966.

LACAN, J. *De la psychose paranoïaque dans leurs ses rapports avec la personalité suivi de Premiers écrits sur la paranoïa* (1932). Paris: Seuil, 1975.

LACAN, J. *L'angoisse*. Le Séminaire, Livre X. Paris: Seuil, 2004.

LAÍN ENTRALGO, P. *Historia de la medicina moderna y contemporánea*. Madrid: Científico-médica, 1963, 2ª ed.

LAMBOTTE, M. C. *O discurso melancólico*. Da fenomenologia à metapsicologia. Rio de Janeiro: Companhia de Freud, 1997.

LAPLANCHE, J.; PONTALIS, J. B. *Vocabulaire de la Psychanalyse*. Paris: PUF, 1973, 4ª ed.

LASCH, C. *The culture of narcissism*. Nova York: Warner Barner Books, 1979.

LEIBNIZ, G. W. *Le droit de la raison*. Paris: Vrin, 1994.

Les Temps Modernes, nº 607. Le théatre de la mundialisation: acteurs, victimes et laissez-pour-compte. Paris: Gallimard, jan. e fev. 2000.

LÉVI-STRAUSS, C. "L'efficacité symbolique". In: ______. *Anthropologie structurale*. Paris: Plon, 1958.

LÉVI-STRAUSS, C. "Le sorcier et sa magie" (1949). In: ______. *Anthropologie structurale*. Paris: Plon, 1958.

LIPOVETSKY, G. *L'ère du vide*. Paris: Gallimard, 1973.

LYOTARD, Jean-François. *La condition postmoderne*. Paris: Minuit, 1979.

MALVILLE, H. *Bartleby and Benito Cereno*. Nova York: Dover Publications, 1990.

MARCUSE, H. *L'homme unidimensionnel* (1964). Paris: Minuit, 1969.

MAUSS, M. "Rapports reels et pratiques de la psychologie et de la sociologie" (1924). In: ______. *Sociologie et anthropologie*. Paris: PUF, 1950.

MAUSS, M. "Une catégorie de l'esprit humain: la notion de personne, celle de 'moi'" (1938). In: ______. *Sociologie et anthropologie*. Paris: PUF, 1950.

MERLEAU-PONTY, M. *La structure du comportement*. Paris: PUF, 1942.

MERLEAU-PONTY, M. *Phénoménologie de la perception*. Paris: Gallimard, 1946.

MESCHONNIC, H. *Modernité Modernité*. Paris: Gallimard, 1983.

MINKOWSKI, E. *La schizophrénie. Psychopathologie des schizoïdes et des schizophrènes.* Paris: Desclée de Brouwer, 1927.

MUSIL, R. *O homem sem qualidades.* Lisboa: Livros do Brasil, 1900.

NEGRI, A.; HARDT, M. *Empire.* Paris: Exels, 2000.

PASSERON, R. *Histoire de la peinture surrealiste.* Paris: Le Livre de Poche, 1968.

PIRLOT, G. *Les passions du corps. La Psyche dans les addictions et les maladies auto-immunes: possessions et conflits d'alterité.* Paris: PUF, 1997.

PONTALIS, J. B. (Direction). *Nouvelle Revue de Psychanalyse.* nº 5. Paris: Gallimard, 1972.

PONTALIS, J. B. *Du rêve à la douleur.* Paris: Gallimard, 1977.

ROSEN, G. *Da política médica à medicina social.* Rio de Janeiro: Graal, 1978.

ROUART, J. *Agir et processus psychanalytique.* Paris: PUF, 1967.

RUSCHE, G.; KIRCHHEIMER, O. *Punição e estrutura social.* Rio de Janeiro: Instituto Carioca de Criminologia; Freitas Bastos Editora, 1999.

SARTRE, J. P. *Esquisse d'une théorie des émotions.* Paris: Hermann, 1963.

SARTRE, J. P. *A imaginação.* São Paulo: Difusão Europeia do Livro, 1967.

SARTRE, J. P. *L'imaginaire.* Paris: Gallimard, 1990.

SENNETT, R. *A corrosão do caráter.* Rio de Janeiro: Record, 1999.

SISSA, G. *Le plaisir et le mal. Philosophe de la drogue.* Paris: Odile Jacob, 1997.

SOUTHERLAND, J. *Evolution of psychosomatic concepts.* Londres: Hogart Press, 1965.

STAROBINSKI, J. "Le mot civilisation". In: ______. *Le reméde dans le mal.* Paris: Gallimard, 1989.

SWAIN, G. "Chimie, cerveau, esprit et société. Paradoxes epistémologiques des psychotropes en médicine mentale". In: *Le Débat.* nº 47, novembro-dezembro, Paris: Gallimard, 1987.

VATTIMO, G. *La fin de la modernité.* Paris: Seuil, 1987.

VATTIMO, G. *La société transparente.* Paris: Desclée de Brouwer, 1990.

VINCENT, Th. (Direction). *La jeune fille et la mort.* Paris: Arcanes, 2000.

WALLON, H. "Comment se développe chez l'enfant la notion de corps propre". *Journal de Psychologie.* Paris, novembro-dezembro, 1931.

WALLON, H. *Les origines du caractère chez l'enfant* (1934). Paris: PUF, 1993.

WEBER, M. *L'éthique protestante et l'esprit du capitalisme*. Paris: Plon, 1964.

WEBER, M. *Sociologie et religions*. Paris: Gallimard, 1996.

WEISS, E., ENGLISH, O. *Psychosomatic Medicine*. Filadelfia: W. B. Saunders, 1949.

WITTGENSTEIN, L. "Investigations philosophiques". In: ______. *Tractatus logico-philosophicus suivi de investigations philosophiques*. Paris: Gallimard, 1961.

WITTGENSTEIN, L. "Conversaciones sobre Freud". In: ______. *Estética, Psicoanalisis y Religión*. Buenos Aires: Sudamerica, 1976.

O texto deste livro foi composto em Sabon, desenho tipográfico de Jan Tschichold de 1964 baseado nos estudos de Claude Garamond e Jacques Sabon no século XVI, em corpo 11/16. Para títulos e destaques, foi utilizada a tipografia Frutiger, desenhada por Adrian Frutiger em 1975.

A impressão se deu sobre papel off-white pelo Sistema Cameron da Divisão Gráfica da Distribuidora Record.